中國人

這回事

秦漢至南北朝：長城內的大一統面貌

李乃義 ——— 著

中國人這回事

第二冊

秦漢至南北朝

長城內的大一統面貌

編者按

中國歷史當然是我們熟悉的老話題，而原著存在大量新鮮的信息和觀點，但作者以區區1本書篇幅來涵蓋的意圖，即便已經簡約為大歷史，依然使我們覺得飽滿到可能引致消化不良，所以在完全保留原著各章節、條目及其內容的基礎上，把它分拆成4冊，方便讀者閱讀並咀嚼原味。我們也建議讀者閱讀第一冊的「前言」，那是篇不可多得的導文。

II

作者簡介

李乃義，1947 生，內地徙台的第一代臺灣人，1971 赴美留學後落戶加州，便也成為華人遷美的第一代美國人。先後在臺北建國中學、臺中東海大學、喬治亞州立大學、加州大學伯克萊分校學習，參加過海外保釣運動、做過上市的半導體晶圓代工公司老總。2007／2008 年曾在兩岸印行過《這才是你的世界》一書。

內容簡介

本書作者是現代典型的高科技華人，得力於現代網路，他得以用當下日益增長的「大數據」不斷地重新認識、講述歷史故事。因此，本書是罕見的、從人類走出非洲一直寫到今天的歷史讀物。

這本書不同於我們熟悉的任何史書內容。

作者沒有為一個朝代、一個人或者一個歷史事件說事，而是立足大數據、抓住每個朝代與社會的根本，「人」，這個因素，來重新為讀者解讀大歷史。

讀者們不妨跟隨作者的思緒、數據、以及陳述，重走一遍人類起源、直到成為「中國人」的歷程，並重新發現中國人、華人、甚至自己的故事。作者相信，本書對歷史的闡釋，更符合現今不斷增加的大量中外考古發現和史料考據。其獨到之處，令人嘆為觀止。

第二冊　目錄

本書系列共四冊，其他冊的目錄附如後：

第一冊：遠古至東周，神話與真象的分野

第四冊：明清至現代，全球化趨勢下的中國

第四章、 大一統的 秦、漢

西元前 221 年，秦王朝統一了那時中國大地的"文明地區"，但，秦一統的和平局面，短暫到可以認為是戰國時代的延長（或最後掙扎），直到漢王朝一統天下、並持續長期統治。辯證地說，人類社會的戰爭與和平，一直交織在時間上和空間上。

春秋戰國時期，中國城邦世界戰亂了五百年，更往前推，黃帝、夏、商、周…，三千年，似乎也可以看作如此。反過來說，又不是天天都在打仗，臨戰的日子終歸比平和的日子少得多，說戰亂只是和平的一種病變，似乎也未嘗不可。人群之間的"戰"或"和"、"分"或"統"，顯然只是歷史表象，另有積澱出那樣子交替的緣由。

事實上，所有人群的歷史，都走過剛剛建立國家機器的階段，而所有的國家也都走過剛剛有君主的時代，然後總會有"雄主"出現，"王國"不過癮，就擴張為"帝國"。兩河流域的西方早期城邦，稍微兼併了一些地盤，就要叫"大王"。一統波斯的君主，稱號"萬王之王"。而中國城邦世界的統一比伊朗晚個 300 年，難怪秦始皇很臭屁地稱號"開頭第一個大帝"（始皇帝唄）。

從黃帝到秦始皇的 2、3 千年間，黃河流域的文明和血緣（中原與關中為典型），大數量級地擴散。戰國末期的八雄，秦韓趙魏齊燕，是黃河小米文化；楚越，是長江大米文化。結果：楚兼併了越，秦又兼併了全部。數據是，那時黃河流域（含淮北）的人口與經濟，可以占到那時中國世界 80%份額。主中原，即主黃河、主中國。

歷史當然不會為了打造"中國人"而特別設計出歷史。

秦一統後，資訊顯然很快傳到西方，從此老外就叫中國為"秦地"（China）、華人為"秦人"。但秦王朝還未及消化中國城邦世界，便已經 "亡秦必楚"了，然後，400 年的漢王朝使得華人自稱"漢人"。

從漢代到今天，2千年後的現代中國人群，自認為"漢人"的比例，大約90%。基因統計數字，"漢男"帶有羌漢標記的只占90%裡頭的54%，帶羌漢標記的"漢女"會少得多。這是抽樣統計，但也顯示，血緣上的"炎黃子孫"可能不到中國人口40%。

會以"漢"做為族群的標籤，可見，漢代，兩漢時代，是中國人、華人定型的年代。

因此，我們需要稍微細理秦、漢王朝發生的事，鋪墊好對"漢文化"的瞭解，兩漢時期"中國人"的特徵明顯之後，再往後的歷史變化就容易對比出來了。

《秦代》 西元前（221-207）年

打造大一統的**秦始皇** 西元前（221-210）年在位

秦國，原本是中國城邦世界裡，西部邊緣的一個中等國家。西元前356年，秦孝公厲行商鞅變法，到西元前221年，秦剪滅戰國群雄，不過135年，秦從公國、王國、一路"暴漲"變成帝國。那時，秦王贏政39歲，從國王變成皇帝，秦代的第一個皇帝，所以是"秦始皇"。

他13歲接班成為秦王，21歲親政，親政18年後，消滅了長江和黃河中下游的各個文明邦國，統一中國。秦始皇前後做了26年秦王國的國王、11年秦帝國的皇帝，算是個勤奮的統治者，經常看報告、處理政務、接見郡縣大員，夠忙的。

秦始皇死於西元前210年，49歲，不算長命，他實際統治全中國只有11年，卻影響巨大。讓我們瞧瞧，他都幹了些什麼事，能夠這樣子留下印記。

首先，換位思考，假想你就是他，生下來就鑲金戴玉的，雖然長於深宮婦人之手，但夠聰明、夠進取，又繼承著顯赫的祖輩留下來的秦國，以及，一套管治國家的有效辦法，**嚴刑峻法＋小農經濟**。你會怎麼做呢？

不用說，當然不會馬上自作主張去改變規矩，先"按既定方針"辦唄。

（實際，官僚集團也不會讓你改變規矩）

結果，9 年時間，以你自己的決斷、臣民的執行力，滅掉了中國城邦世界，成為"皇帝"（翻譯成現代華語就是"大帝"）。然後，你會怎麼管治這麼大的秦帝國呢？

自信，以及對祖輩留下的制度的信心，只會讓你還用同一招：
嚴刑峻法＋小農經濟。

雖然你並不知道什麼理論不理論的，但你知道，"法制化""標準化"絕對高明，因為，很清楚，秦"暴漲"成功，都因為"變法"，強化了小農經濟。

所以，秦始皇，統一中國後，立刻實施：

⊙ 土地私有，庶民可以按軍功授田，可以買賣田地

　但中國已開墾的地方基本統一了，原先戰國時期的各國無戰事，軍功授田失靈。於是秦始皇實施擴張政策，向北發兵 30 萬，從匈族地盤裡擴土河套（這是可以農耕的極限了），向南發兵 50 萬，從地廣人稀的華南部落裡擴土直至番禺（廣州）。徵發的部隊大多就地授田落戶，成為小農，開發新的疆土。

⊙ 中央政制，部會分權，向皇帝負責，皇帝裁決

　地方政制，郡、縣、鄉、裡，郡縣官，由中央任官派遣。
　分封，僅只是豢養親貴，完全沒有宗法封建制度"封邦建國、國中有國"的意思了。這些，也都基本上沿用至清代結束。

4

⊙ 連坐法，以及，戶籍制度

統一之前，秦國就以戶籍制度夯實小農經濟，拴住農民。
統一之後，全國範圍實施戶籍制度，並實施刑罰最大化：連坐法。
基本上，秦的律法、刑罰連坐、戶籍，都成為 "中國特色"，也流
傳 2000 年。

⊙ 車同軌

全國馬車兩隻車輪的間距都一樣，這樣，遼闊的國土裡開高速公路
（ "馳道" ）就方便了，運兵快速之外，各地交通與運輸也便捷了。

⊙ 書同文

全國溝通都使用標準格式的秦文字，小篆。禁絕私校，以吏為師，
連發音都同秦韻。當然，統一語言沒統一文字容易，但這是 "河洛
話" 等中原古音流傳的原因之一。

⊙ 人同倫

全國社會都小農經濟化，龐大數量的人口管理，依賴明確的規矩：
法與禮，塑造同質性的國民。實際是把全國按秦國的社會倫理，制
度化。

⊙ 度、量、衡，標準化

統一長度、體積、重量的量測標準。基本上，流傳 2000 年。

⊙ 貨幣，標準化

主要使用圓方孔銅錢， "半兩" 。基本上，也流傳 2000 年。

量器　　　　　　　半兩錢　　　　　　衡權（秤砣）

秦始皇要把秦帝國，做成個高度中央集權的、規範化的、小農經濟的國家機器。規範化到要統一思想的，秦或許是首創，雖然東西方歷史屢見不鮮，直至今天。

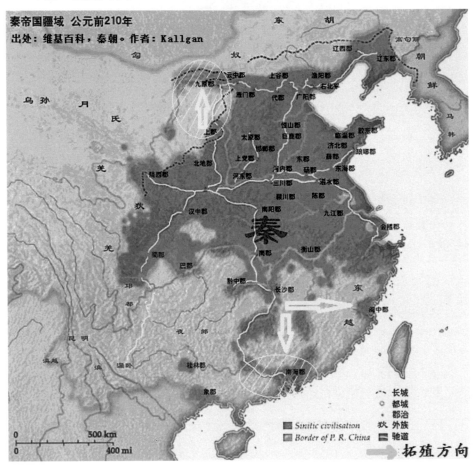

司馬遷記述了兩個分別的相關事件，"焚詩書，坑術士"：

♦ 西元前 213 年，因為原先各國的儒生議論、反對郡縣制度，秦始皇下令，禁止私學，以吏為師，除官府可以典藏各類書籍之外，私人一概不許藏有非技術性書籍（只可擁有醫、卜、農等技術圖書），燒掉一大堆各國原有的詩書禮史等古籍，並制定言論罪與思想罪（以古非今者，可以嚴重到殺全家），開嚴酷懲治<u>政治犯</u>與<u>思想犯</u>的先例。

♦ 西元前 212 年，為秦始皇找長生不老藥的方術之士，因害怕藥方無效，按秦法，該斬，便製造輿論：皇帝無道、所以服藥不靈…。於是，成為政治事件（有"誹謗"嫌疑），秦始皇一次坑殺 460 多個"術士"。那時的"術士"不是"儒生"，但也算知識份子。

管治到人腦的思想、言論的結果，裁決不但主觀，並且容易夾帶私權，官僚集團得以無限擴大自身的權益。後來漢代的儒官則藉專制王權，做到了統一中國人的思想，甚至篡改司馬遷的記述為"秦始皇<u>焚書坑儒</u>"。

秦法嚴苛，當秦還是小國時，秦人樂於遵循秦法，無論兵役、勞役，秦人一有軍功的獎賞，勇於戰鬥；二有刑罰的畏忌，服從公務。所以，秦始皇能夠迅速武力統一中國。但土地自由買賣，貨幣統一政策又等於突然收緊銀根，經濟轉不動，豪強兼併土地，不少農民淪為佃農。不用說，經濟蕭條，民不聊生。

上圖，很好地說明了秦始皇生前，使用民力的不當。擴土，真正享受果實的是即將登場的漢朝。另外，秦始皇所有政策，都是"內向"的農業國家的典型，而失去河套牧場的匈人，不久後就反擊、成為"漢"帝國的宗主國，迫漢稱臣、納貢。

秦始皇在位的 11 年裡，施行各種標準化作業，政令下達容易，實際完整執行，當然困難。畢竟原先各國的人民，各有習性，軟體安裝，哪能一蹴而就。新征服的疆域，更難一下子轉化。歷史記述並沒有反映，秦始皇的新政，當時究竟落實了多少？

答案顯然是：不及格。原因：

（1）　秦法重刑罰，嚴酷到實施連坐法，戶籍管制。但新征服的人民，不習慣秦法，動輒得咎，連累鄉里，結果等於逼使大量人民，避入山林，成為盜匪。

（2）　統一貨幣，好事，但需要按經濟規律辦。廢除各國貨幣，必須 事先鑄好足夠市場運轉的新幣數量，並需規範公平兌換。否則沒收舊幣等於侵害老百姓利益，而市場流通舊幣又等於逼迫百姓犯法。結果，秦始皇至死，貨幣仍未能統一。不過，秦半兩則因為秦法嚴謹，標準化的秦銅錢，實際往後流通了很多很多年。

就這兩點敗因，在並沒有特別嚴重的自然災害的情況下，秦始皇一死，帝國迅速崩解。秦帝國只存在了 14 年時間，短到人們難以置信。

西元前 210 年，秦始皇死於過量"長生不老丸"引致的中毒，身體虛弱時，遺詔被身邊平時信任的**趙高、李斯**聯手篡改炒作，原當繼位的**扶蘇**被殺，**胡亥**被立，趙高大權獨攬，很快藉故幹掉李斯。趙高曾犯重罪，按律該斬，秦始皇從北方軍團將領**蒙毅、蒙恬**手裡釋放了趙高，就因為趙高畏懼扶蘇上臺後的繼續法治，趁權力交接空隙，發起宮廷政變。顯然，嚴刑峻法，無法保證權力運作的意志。甚至，秦始皇的死亡本身，也不排除就是一場權力陰謀的可能。

一年後，西元前 209 年，一隊從安徽開往漁陽（今北京）戍邊的 900 士卒，遭遇大雨，估計無法按規定時間到達，他們自己明白，按律該斬，去是領死，不去、造反，倒還有生存的機會。於是，其中兩位小官，**陳勝、吳廣**，乾脆裝神弄鬼一番之後，率眾造反。各國民眾本來就不習慣秦國的法制軟體，紛紛起義，形勢立刻大爆炸，中國霎時進入大混亂。戰亂持續 3 年後，秦王朝正式覆滅。

從人性角度看，

① 秦始皇，做為一個人，少年得志，一帆風順，氣使頤指，越來越自信，不會算賬，也不算賬，整個社會被他嚴重超支。賠掉的，是中國人第一次真正意義的社會轉型，"法治"。（雖然，"法"當然是為權力制度服務的。無論政權或金權，權，永遠大於，法，並且就是法源）

8

事實上，"法治"並不容易。所有的"法"，都是維"權"用的，政權、金權…。法制規範，由權益階級訂定，維護的當然是權益。這就是"階級"的內涵。

讓我們舉個現代的例子：美國西元 1960/70 年代之際的反戰、民權運動，有支全球流行的歌謠，Blowing in the wind （"隨風飄逝"）。開頭第一句是，How many roads must a man walk down before they call him a man…，意思是，人究竟要努力多少，方才可以取得"人"的地位…。這是當時非常著名的雙關語的表達，因為，也可以稀鬆平常的翻譯為，一個男人要走多少路，才會被稱為"男人"。英語的男人跟"人"是同一個詞，man，這當然是人類男性宗法社會的痕跡。但這歌謠為什麼這樣表述呢？

美國是近代人類法制的樣板，美國獨立宣言凝聚現代人類諸多價值觀，宣言開宗明義便表述，<u>人類生而平等</u>，all man are born equal…。問題是，"人"的定義。美國開國時，黑人是奴隸，不是法、權範疇內的"人"，即便打完<u>南北戰爭</u>內戰，解放了黑奴，黑人依然得不到平等的待遇，依然被白人社會歧視。所以，歌謠才會那樣表達對美國法治的不滿，反映了，法、權、意識、施行，的糾結。

人權，即使在美國，也是漫漫長路，至今也未能完全實現。

法治，平權，這些現代化的、西方的理念，脫不離人群社會的邊際條件。社會演化，意識與習性的轉變，是漫長的過程。反戰、民權運動，則無疑有助於理想的實現。

或許因為繼起的政權不是秦人，自身沒有成功"法治"經驗的緣故，秦法"嚴苛"，被錯誤地歸結於"法治"。於是，秦王朝核心的"法治"軟體被靜悄悄地被換裝為"人治"或"德治"，成為"中國式文明"的基礎結構。

後世中國社會軟體“情、理（禮）、法”的排序，“法”敬陪末座，聊備一格，直至今日。中國人的“法”感，是很差的，至少，跟西方不是一個東東。

以紅綠燈為例，紅燈停、綠燈走，那麼簡單的“現代化”習慣的養成，可極其困難。美國規矩很簡單，“嚴苛”，違者重罰，逮住一次，目前約罰 2000 人民幣，如果造成交通事故，還另有官司伺候。

秦人社會**“法不阿貴”**、**“路不拾遺”**、**“勇於公戰，怯於私鬥”** 的境地，成為中國世界絕響，迄未再現。但秦王朝標準化、法制化、規範化的努力，倖存了下來。規格與規矩，畢竟是人群社會的必須，歷朝歷代統治階層仍將繼續安裝法制。

② 秦統一的政治賬，開啟中國世界人們一些想法：

♦ 中國大地真可以做成為一個國家，一個小農經濟能夠支撐得起的幅員廣闊的國家，至少，秦帝國開了先例。

♦ 心理上，刺激了後來的統治者的野心，從此，秦一統模式，成為“大丈夫亦可如此炮製”的樣板。

③ 即使秦始皇嚴刑峻法能成功，“法治”與“王權”的矛盾，仍然無法避免。

秦始皇自己就以王權、特赦依法該死的寵臣趙高在先，權力下的生死存亡鬥爭，使得很人性化的胡亥、趙高、李斯等棧戀權益，造成扶蘇、蒙恬、蒙毅等的慘死（這些人也許更有能力治好國家）。

王權交替的時際，就顯出“法治”的脆弱。但遲早必定會碰到，躲得過初一，躲不過十五。權力，法治，終歸要面對人性，都是人嘛。

從小農經濟看，

① 中國的兩河流域夠大（黃河、長江），集中全力還未必經營得下來。當時統治集團所欲求的財富、人群生活的所需，不假外求，種植＋手工業，足夠了。

② 農業族群，沒有機動游牧的生活經驗，農耕跨越不過北邊的乾旱地區，既不知道西方世界的資訊，也沒有遠方交易的必要。

人類歷史演化到這時段，東西文化的根本差異已經展現。
西方城邦文明機動、"外向"：財富積累，透過對外的，交易或掠奪。
東方中國文明固定、"內向"：財富積累，依賴對內的，統治與剝削。
秦帝國（嚴刑峻法＋小農經濟）的模式，更強化了中國式文明的相對"內向"。

夏商周象形文字，隨著中原文明的擴散和普及，戰國時期中國世界的人際溝通，早已"西瓜偎大邊"，以周的文字為國際通行的書寫文字。又隨著秦的一統，秦小篆被秦始皇"定型"成為標準中文，文字習慣更加不可逆轉，中國各地的同質性，因此深化，語言跟著文字走，文字所表達的意義，基本固定。

早期的人類文明，埃及也是象形文字，美洲的瑪雅也是。愛琴海城邦世界，出現過不象形的線形文字，迄未能解讀。但眾多城邦族群、眾多語言、又依賴彼此間的交易與溝通，顯然，拼音文字最能滿足地中海世界的現實需要。歐西的拼音文字，有歷史必然的環境因素。西方文字跟著語言走，文字所表達的意義，隨時間、空間、人群變化。

拼音文字，加強了西方的"外向"性，族群之間也越來越獨立，但文化的輸入或輸出，相對容易，彼此競爭，互相征戰或交易，成為習性。中國式文明正好是個完全不同的例證，象形中文，黏合了黃河中下游各地族群，加強了體積龐大的中國的"內向"性。

但東西方的文明差異，仍是氣候與地理的大自然因素，施加於人類物種的自然演化的結果。環地中海、西亞、伊朗、中亞，乾旱度其實雷同於中原與關中，綠洲似的小國寡民城邦群落，造就了那裡族群對機動性的必然倚賴。而有著黃土高原的沃土與黃河的滋潤的中原與關中，卻開發了精工細作與水利灌溉的高產農業，完全倚賴天地的賜予。環境，適應，使得人們演化出不同的社會，美洲的故事也類似。

楚漢相爭　西元前（206-202）年

楚漢相爭時期，或許由於司馬遷不是以官方 "史官" 的身分寫史，記述的變有一點浪漫色彩，並且距離他著述的時間還不算太久遠（100 年以內），當時人們記憶猶新，故事多、也細，跟現代中國人談辛亥革命、抗日戰爭、解放戰爭似的。

西元前 210 年，秦始皇死的時候，中國世界比較開發的地區，是黃、淮流域，人口與經濟比較集中。長江以南是 "開發中" 地區，珠江以及西南，則是相對的 "未開發" 地區。那時的黃淮流域，人口與經濟，會占到當時中國世界的最大比例，而黃淮之間地區實際是**楚**國文化氛圍。

西元前 209 年，楚人大造反，風起雲湧，其中，揭竿而起的**陳勝、吳廣**，是底層平民；**項羽**，是上層貴族；**劉邦**，則是地方上的小混混（算個中層）。楚人造反後，很快便擁立了一位楚王，以楚國名義，號召原先各國反秦，並約定 "先入定關中者，王之"。

實際，陳勝、吳廣引爆的秩序崩解，造成一個短暫的 "戰國時期"（西元前 209-202 年），所有手上有點暴力資本的集團，通通參與角逐政權的競爭。中國世界再次淪為殺戮戰場。

年輕而有才的項羽，首先在廝殺中脫穎而出，以少數 10 萬楚兵，**"破釜沉舟"**，進擊圍攻巨鹿（河北邢臺）的優勢秦軍（章邯軍、王離軍，不下 50 萬人馬），大勝。

歷史記述，當時，諸侯各國參戰的部隊，畏秦軍威（被章、王打怕了），都在城壘上做"壁上觀"，眼睜睜看項羽軍演出。此後，項羽成為各路諸侯眼裡的"軍神"，他率這支集團軍，繼續在中原鏖戰秦軍，直到章邯投降，至此，秦軍主力完全覆滅，秦朝廷已無兵可用。這時，項羽不過 26 歲。

西元前 207 年底，劉邦軍，以政治攻勢，收降、不掠奪、不屠戮、不擾民 + **"約法三章"**（"殺人者死，傷人及盜抵罪"），幾乎沒怎麼戰鬥，就順利迂迴進入關中，秦帝投降、交出咸陽。

在東方前線打完硬仗的項羽，聞訊後，立刻緊急西進，以優勢兵力在咸陽周邊跟劉邦軍對峙。劉邦自恃不敵，用**張良**計謀，疏通項羽的叔叔，為劉邦說好話，然後帶上親將**樊噲**，硬著頭皮到項羽大營去表白"沒有要打天下的意思"。會後項羽跟劉邦酒宴，項羽軍師**范增**設計要殺劉邦，這就是**鴻門宴**的故事。靠樊噲的拼死演出 + 項羽的婦人之仁，劉邦居然逃過死劫，全身而退。於是，劉邦軍撤退，項羽軍進屠咸陽、殺秦降帝、焚掠秦宮室。

西元前 206 年春末，項羽以霸主身分，分封、畫定各諸侯國界，稍後暗殺楚王，自稱**"西楚霸王"**，建都彭城（江蘇徐州）。各國手上握有重兵的實力派，怎麼可能服？分封剛落幕，烽煙又燃起。被項羽遠遠地差遣到漢中（湖北、四川）的"漢王"劉邦，心裡當然不是滋味，表面上燒毀棧道，以示無意再進關中，實際，用大將**韓信**策略，**明修棧道、暗度陳倉**（陝西寶雞），年底，"漢軍"便已回占關中。

西元前 205 年 5 月，趁項羽東擊齊國、西楚後方空虛的機會，劉邦與各路反項諸侯，聯軍 56 萬，奔襲、佔領彭城。面對這樣的形勢，項羽再次顯現讓人跌破眼鏡的能力，一面叫西楚大軍從齊國按序撤退，麻痹漢軍集團注意力，另一面他自己率騎兵 3 萬，神不知、鬼不覺地狂奔到漢軍後路，閃電奇襲。劉邦在彭城還沒坐熱椅子，項羽已經從出人意外的後方進攻，殲滅聯軍達 20 萬眾以上，漢軍為主的"聯合國"軍，土崩瓦解，劉邦僅以身免，逃到榮陽（河南鄭州），被西楚軍圍困。

這時，劉邦派去北伐的**韓信**軍團對華北的攻略卻進行順利，已經平定齊國直抵濱海。劉邦要韓信部隊夾擊西楚，韓信卻忽悠應付，**陳平、張良**提醒劉邦，封韓信為齊王，韓信部隊這才認真對付西楚軍，不斷從多方面進擊西楚，**彭越**部隊則從旁斷絕西楚軍糧道。

西元前 203 年，長期作戰的項羽部隊疲憊不堪，漸漸反被漢軍合圍。於是，項羽送回扣押的劉邦老爸、老婆、子女，議和，雙方約定，以**鴻溝**為界，中分天下，以西歸漢，以東歸楚，各不相犯。議和後，項羽引兵東歸彭城，劉邦也想撤軍回關中休息。

在這節骨眼上，張良發揮了歷史性作用，他聯合陳平，一起建議劉邦：管它合約不合約，應趁項羽撤軍，立刻追擊，以免放虎歸山，後患無窮。。。劉邦覺得有理，遂親自領兵追擊項羽，並令韓信、彭越迅速進兵合擊圍攻。

項羽當然不是省油的燈，一仗下來，又把劉邦軍團打敗、圍困在固陵（河南太康）。劉邦屢戰屢敗，韓、彭軍團遲遲不見，他的焦慮，可想而知。

劉邦問張良：這些人搞什麼名堂？

張良不慌不忙地再次提醒他：你封了人家為王，不給畫定封地，讓人家做虛的王，人家為啥給你拼命呀？

劉邦這才遣使，畫陳國以東到濱海，做為齊王韓信的封地，畫睢陽以北到谷城，做為梁王彭越的封地。果然，兩個月後，韓、彭軍團便在垓下（安徽靈璧）圍住了西楚軍。

這年冬天，饑寒交迫的西楚軍，被韓信的 **"四面楚歌"** 心理戰搞的士氣瓦解，項羽再大本事，終不敵劉邦的機靈＋張良的深謀＋韓信的戰略。透過司馬遷的筆，留下 **"霸王別姬"** 的悲情、**"無顏再見江東父老"** 的執著，明明可以逃脫，卻 **"烏江自刎"** ，千古迴盪項羽式英雄氣概。

項羽死時，才 30 歲。

巨鹿之戰，彭城之戰，項羽都是以劣勢兵力，英勇突擊，以少勝多，並且大勝。直至生命結束，他就是個令人生畏的、不世出的 "英雄" 形象。但，性情中人的項羽，顯然治理不好國家大事。

歷史記述，"楚漢相爭" ，其實是兩個楚人之間的鬥爭，項羽、劉邦，各自有著鮮明的個性。劉邦，大概認為，委屈被封 "漢王" 是發跡的起點，蠻順風順水的，漢就漢唄，漢軍裡可不少楚人。漢王朝延續四百多年後，中國人，便從 "秦人" 變成了 "漢人" ，雖然漢文化的底子裡，中原風摻雜大量楚風。

歷史記述，平民皇帝劉邦再次統一的中國，"十室僅存二、三" ，短短 7 年戰亂，沒少見 "屠滅" 字句，估計，秦初近三千萬人口，漢初子遺千萬上下而已。經濟窘困到，許多京官王侯也只有牛車代步。

從秦始皇剪滅六國，到項羽敗亡，中國世界又持續超負荷戰亂了 27 年。進入 "漢代" 的敘述之前，我們需要趁此將目光，暫時轉移到長城之外的世界，因為，那時，草原，以及，西方，很快就會跟中國發生更緊密的聯結了…。（下面 8 頁簡述那時中國西鄰的情況）

（戰國-秦漢）時期的西方世界

戰國時代，中國城邦世界各國的長城，原本來是修來防禦彼此的，只有北方各國的長城，才是用來防備游牧民族的。秦一統後，拆掉“內牆”，修補、連接北方各國的“外牆”，大致也就是後來的“長城”的原型。

但長城從來就不是鐵桶一個，中國人群，農業文明儘管內向，卻也不可能不受草原以及其外的世界的影響。人性有好奇的基因，遙遠地方的特產，物以稀為貴，比如，東南亞的香料，就長期風靡東西方世界的人們，中國的絲綢瓷器也是一樣。人史，很大程度上，也是跟著人性的好奇、欲望、風尚而滾動的。這是個互動的、關聯的、連續的，人的現象。

傳統中國歷史記述，焦聚於中原文明，是自然的，歐美人講歷史，自然也只焦聚於歐洲，這不僅只是熟悉的問題。文字，本來就是人群溝通、表達的一個載體，反映的，不止是族群的歷史、文化、習性，更是使用那個文字的人群的意識和思路。

人類，定居，族群大到一個數量級，分工，創造文字，社會運轉更有效率，農業文明方才爆發式成長，文字很自然地首先用於記載那個產生它的文明。但是，歐亞大草原各個游牧族群，自有跟定居農業不一樣的文明之路，游牧機動。

早期草原典型的匈族群和斯基泰 Scythian 族群(後來的漢譯也稱為“塞人”)，沒有自己的文字，古時東西方的農業“文明世界”，不瞭解他們，不表示他們不存在。正好相反，游牧部落或國家，始終深深影響東西兩端的“文明世界”。西元前 771 年，終結了西周王朝的，正是歐亞草原東側的游牧諸部，整個春秋戰國時期都以“戎狄”（包括匈族）的名字伴隨著“中國”歷史。戎、狄，不過是中國人對北邊“蠻族”的形容詞而已。

西元前 500 年左右，草原西側的斯基泰諸部聯盟打敗了伊朗阿契美尼德王朝的大流士王派遣的部隊。大流士曾入侵古希臘，被斯巴達打敗、發

16

生馬拉松事件。只有 4 千年歷史的希臘，被近代歐洲話語權炒作成"文明"的祖宗爺，而實際上希臘不過是歐亞草原西側的安納托利亞文明（有 1 萬年歷史）的延伸而已。緊挨著黑海、地中海的安納托利亞高原，文明沿兩河向南擴散便是兩河流域文明的源起（約 8 千年）；向西擴散便是愛琴海東岸文明的源起（約 7 千年，從這裡划船向西便有了希臘）；向東擴散到裏海地區就是古伊朗文明的源起（約 6 千年）。

古伊朗人遷徙南下，統一了兩河流域、黑海和裏海和地中海周邊、直達印度河與尼羅河，成為西亞城邦文明起源地最直接的繼承者。後來，西亞文明的阿拉伯宗教文化，嫁接在古波斯載體上，開出燦爛的伊斯蘭文明，這才是今天的中東的本來面目。兩千多年以來，伊朗一直是這個同質文明地區的強權，可惜沒文化的美國人看不懂。

西元前 250 年左右，歐亞草原東側的**匈族群**組建了最早的游牧國家機器，秦漢統一中國的時候，匈汗國也統一了蒙古草原與中亞，成為史上第一個草原帝國。匈族的大王叫做單于（chan，"王"的意思），後來繼起的游牧民族念為 khan，**汗、可汗**。皇帝和可汗的稱號，人類沿用至今。而草原帝國，從來就是文明的攪拌器。

統一的中國，給"中國式文明"開了端，統一的草原，也塑造了此後的草原帝國模式，最終，他們的掠奪和攪拌深深影響了"中國式文明"或"歐洲式文明"的演化。

草原的氣候與生態，乾旱、冬天冰雪漫長，承載不起大量人口。游牧民必須機動，趕著獸群逐水草而居，體格必須健壯，才有生存的機會。大自然的錘鍊是嚴酷的，往往一個嚴冬過去，鄰近的幾家人再也不會出現。他們必須豁達地面對生命、尊重自然，成為游牧民的長項。

游牧民，也有在沙漠和草原的綠洲裡定居的，半農半牧為生，比如，第二章提到過的樓蘭地區的"小河文化"部落。乾旱而變化的氣候，即使綠洲也可能很快消失，使得游牧民的心理，對於冒險，對於生死，相當坦然接受，艱難多變、各方交易的生活環境，培育了開闊的人生觀。綠洲之間的網線，形成東西方交流的孔道，東西方的農業文明事項，老早便藉著游牧民的機動，慢慢擴散開來。

游牧族群建立的綠洲城邦，經常選擇方便的、已開發的文明與文字，安裝到自己的軟體裡；中國所說的"西域諸國"，以及，歐亞草原上從中亞直至土耳其的城邦諸國，秦王朝時便已存在，無非東西兩端的人都不熟悉罷了。漢王朝擴張後，西域乃至中亞的城邦世界，使用古伊朗文、古印度梵文、甚至漢文，來記述事情，這是個東西方文明之間獨特的城邦世界。

戰國末年，西域已經出現許多城邦佛國。游牧部族，無論定居與否，面對大自然的無常，對"天""神"的威力，是敬畏的，他們虔信宗教。漢代之後，虔信佛教的西域各國僧人到相對繁榮安定的中國傳教，帶來的佛經有梵文版的、有西域各國文版的，方才激發中國佛教徒自己去印度求取"真經"，這是後話。再往後，中亞、西域成為伊斯蘭教世界，是西元 14 世紀帖木兒汗時代的事，西元 13 世紀成吉思汗時代，成吉思汗的幾個中亞媳婦還是景教徒呢（耶穌教的一支）。

整個春秋戰國時期（西元前（770-221）年），對中國而言的西方世界：

① 正北方（蒙、遼）有匈族群游牧，西北方（甘青新）有月氏（"支"音）與羌族群游牧。秦滅六國的時段，<u>匈</u>人正在擊走<u>月氏</u>，月氏最終西遷中亞的叫做**"大月氏"**、南遷甘肅祁連山麓的叫做**"小月氏"**。匈族聯盟能統一草原，當然自有法制。

② 伊朗的**阿契美尼德王朝**（西元前（550-330）年），曾統一巴基斯坦以西、直至愛琴海世界東段（馬其頓、色雷斯）、埃及、土耳其的廣大世界，著名的王：**阿契美尼德、居魯士、大流士**。大流士施行全國範圍內的法制化、標準化。伊朗（波斯）文化實際是後來伊斯蘭文明的載體。

相對於中國世界，伊朗世界算是半農半牧，**"坎井"**就是伊朗的綠洲農業的發明，傳遍中亞和新疆。下圖，把希臘和北印度去掉，就是阿契美尼德王朝的版圖。

18

③ 傳說的馬其頓的**亞歷山大**（西元前（336-323）年在位），統一了"希臘世界"（其實是"安納托利亞世界"，馬其頓做為安納托利亞世界的一員，歷史不比希臘短淺），短暫地征服整個伊朗世界，奄有北印度、埃及。他把"**希臘**"文化和血緣擴散到了中亞，中亞綠洲裡出現了"希臘式"城邦，影響了後來那裡的**佛教藝術**（佛雕、佛像），並傳到中國。

希臘城邦世界，交易發達，早有法制。亞歷山大在位 13 年，一輩子只愛征戰、逛世界，帝國曇花一現，他還沒來得及統治征伐而來的帝國，33 歲就死了，但影響很大，幾乎就是早個 100 年的西版"大秦帝國"。亞歷山大對"希臘文化"與貿易在西方世界裡的傳播，有顯著成效。

圖源: 維基百科, 傳說的(馬其頓)亞歷山大帝國

④ 西元前 325 年，亞歷山大聯軍撤離北印度，留下一支馬其頓人駐軍，被印度**孔雀王朝**（約西元前（324-187）年）擊走。孔雀王朝在**阿育王**時代（約西元前（275-232）年在位），幾乎統一了整個印度。

西元前 261 年，阿育王皈依佛教，隨後積極傳教，在龐大的印度王國支持下，中亞、西域、許多城邦都接受了佛教。秦王朝結束前，西域早已大小佛國林立，成為佛教傳入中國世界的基地。

而秦漢之際、東西方文明之間，實際平行存在著一個草原的文明與強權：匈汗國。只是那時候的人們不大瞭解。

當中國世界處於春秋戰國的混亂時節，西方曾經幾次出現大帝國、大征服，匈人實際成為東方世界的屏障。當秦漢一統中國世界的時候，西方出現一段權力真空，匈人又實際屏障了西方世界。

匈汗國

先看看現代的研究怎麼敘說這個跟秦漢王朝平行存在的草原帝國：

地球上的歐亞大陸塊，原本就是一塊連貫的大洲，中央部位的歐亞大草原，緯度高，一年裡的很長時段，氣候乾而冷，比較不適合農業的開發。然而，在第一章裡，我們知道，即使在 4 萬年前的地球冰期，智人老祖們就已經摸索擴散到歐亞大草原，對只能依賴兩條腿拾獵的老祖們，這是再自然不過的事。而，絕大部分歐亞大陸人群，都是曾經生活在歐亞大草原的老祖們的後代。

人類擴散過程中，選擇繼續留在大草原上生活的歐亞人，也存活到了地球氣候變暖的 1-2 萬年前。他們開發了另類文明，游牧，逐水草而居。大約 5、6 千年前，歐亞大草原上的部族，最早馴化馬匹，發明冶鐵與輪子，成為靠機動力生存的族群。

游牧生活，是非常辛苦的一種生存方式。事實上，老祖們也很早就利用了大草原上的任何綠洲（水源充分的地點），開發了種植（蔬菓糧食）、馴化了家畜（在周邊放牧），小麥原型就是從中亞傳入西亞的。無非綠洲有限，生活資源不足，而且，老早被"定居"在那裡的人群佔據，相當比例的人群必須終生機動地在草原上放牧為生，成為游牧民。

從現代的分子基因學，人們業已瞭解，漢初的匈國主要是黃標的通古斯血緣，黃白標與白標也占一定比例。文化上，則至少有五點跟草原西端的白標斯基泰游牧族群完全一致:(1)薩滿信仰,(2)崇尚白色,比如,白鷹、白狼、白馬、白熊,都是普遍的圖騰,(3)崇尚“左”邊,大概是左撇子比例較多,(4)拿敵人的頭殼做成亮麗的大杯子以示紀念,(5)草原族群很早就发現黃金,金器使用相當普遍。

這些數據,無非表明,草原上各部族,游牧、並散布各處的綠洲據點,由於具備機動力,他們的文化、血緣、人與東西,都是通的,而且一直流傳下來,沒怎麼變。

游牧文明,跟農業文明一樣,充分適應了草原生態,才可能代復一代,傳承至今。那是智人的另外一種生活方式,比如,綠洲農業,受限於氣候、水源,甚至比小農經濟還小農經濟,交易、溝通有無是必須的,也給放牧人群提供了澱粉、維他命C、纖維、器具。

歐亞大草原的各游牧部族,聯結鬆散,互相競爭而又互相依賴,實際也必須如此,因為每個群落的人口數量大不了,眾多群落遍布草原各地。草原的國家機器,只能是個部落聯盟國,馬匹的機動力提供了迅捷的資訊與動員,平時的生活條件就是戰鬥條件,可以說,全民皆兵,國家機器提供了更有組織的暴力,而暴力的目的,掠奪遠大於統治。

跟夏王朝時期的中國世界類似,草原上的“統治”核心,靠一個強大的部落,主要是首領個人的能力與能量,國家的名稱,往往就是首領的名字、或那個統治核心部落的名字,匈、鮮卑、柔然、突厥(土耳其)、契丹、蒙古,是以部落命名,韃靼汗國、保加利汗國、察哈台汗國、帖木兒汗國,則是以首領命名,就這麼叫出來的。實質上,部落聯盟國家機器,核心的族群,多少有點血緣關係,或許不像農業氏族聯盟之間那麼親近罷了。並且,由於草原部眾人口沒那麼大,文化慣性比較小,更因為交易的必須,對外來文化的吸收性更強、主動對規則的遵循更嚴,組織力更大。

西方現代考古，發掘出不少草原文物。游牧族群（包括綠洲城邦，"文物"，主要是綠洲地區的製作），依賴動物，喜愛動物，直接反映於他們的藝術表達。中國，也出土不少春秋戰國時期的匈人文物，展示在下面，金銀器件和青銅器件，很可以說明匈汗國那時已經高度發達的技藝水準。

所有國家機器都是要占地盤的。夏王朝的征伐，為了擴土，殖民、住進去統治，收稅。跟夏王朝一樣，草原王國的征伐，也是占地盤，但草原人口少，又不會種田，"統治"，他們一般習慣只在綠洲駐點兵馬，征"稅"。對付定居的大型農業國家，草原王國老早摸索出一套有效的盤剝辦法：不停越界掠奪，攪到你日夜不寧，於是，跟綠洲城邦一樣，花錢消災，購買和平，金帛子女，源源不斷送將過去，他們再來內部分贓。這好處比統治城邦世界大，還不用駐軍。

草原國家機器很務實，面子不重要，反正不看你內部的官樣文章，隨你怎麼寫條約，吃定你是需要納貢的"屬國"、勢力範圍內的繳納稅貢的地區，就行啦。

傳統中國歷史記述說：秦漢面對的匈汗國，是個已經在草原上相當成熟的游牧國家，當時漠南蒙古、河套都是匈汗國牧地。秦始皇派主力部隊，蒙恬的北方軍團，跟匈汗國交戰，擴土河套。

劉邦忙著打造漢王朝之時，匈汗國的冒頓單于，弒父、自立為汗王不久，實力與勢力，如日中天，匈汗國復取河套、並奄有長城南邊的晉陝冀的北部地區。由於定居農業文明的傲慢或無知（這兩者可以畫上等號），劉邦立國後，輕敵、被小勝沖昏頭而冒進白登（山西大同）、被圍。匈王后閼氏說動冒頓退兵的說辭是：我們不過來扒點東西罷了，又不是要住進來統治，把漢王殺了，沒啥子好處，拿了東西就該走了。（這原本就是草原文化，王后大概不用努力勸）

西元前(220-120)的匈汗国
图源：维基百科，匈奴帝国
作者：Michael Pstmann

金銀器　　　　　　　　　青銅器

實際上，當時冒頓是有備而來的；圍困劉邦時，匈聯軍至少還有兩支部隊沒有投入戰場，如果冒頓堅持打仗的話，很可能根本不會有漢王朝的存在。

冒頓單于用典型的游牧民族戰術：誘敵深入，靠機動力取勝。草原人少，生命非常寶貴，打得贏就死拼，打不贏回頭就跑，不大有（投降＝叛國）的思路，甚至，投降還能又跑回家的話（搬點東西更好），照樣是被人尊重的好漢。草原空曠，怎麼跑、怎麼集結都行。

文化差異＋ 資訊不靈，讓劉邦一立國就撞上鐵板。

《漢代》

夯實大一統的〈西漢〉　西元前 202 年-西元 9 年

（一）　平民皇帝，**劉邦**/漢高祖　西元前(202-195)在位

西元前 202 年，劉邦登基，成為漢王朝的開國皇帝。充分瞭解人性的劉邦（他可是江湖上混出來的），十分明白，手下諸侯，一起打的天下，人人都為的分杯羹。所以，漢朝伊始，劉邦就立刻拿"功臣"們開刀，打定主意，鐵了心，不容任何人分享天下。疑心病症候群云云，恐怕是故意秀出來的合理化程式。劉邦，知識有限，但，是個很理性的智人，他用的文武臂膀，大抵都是一時之選，劉邦很有知人之明、用人之量。跟項羽比較起來，項羽身邊唯一可圈可點的范增，被張良略施離間，項羽就把范增炒了魷魚，落實自己"孤家寡人"的名堂。

專制時代，帝王的性格，造就他統治時期的國格。這裡只舉 4 個劉邦身邊最關鍵的人物，**蕭何、張良、韓信、呂后**，以凸顯漢初格局。

蕭何，不但一開始促成劉邦造反（用抓鬮作弊法），並且始終是漢王朝最佳運作長，一路坐鎮後方，為劉邦打點後勤作業，包括安定民心、搜集人才，保證前方作戰所需的糧草、兵員、器械。劉邦軍團接收咸陽後，蕭何不去接收金銀財寶，他去接收秦王朝的典章制度圖錄文冊，並依照當時已經繃得太緊的關中民情，為漢庭制訂他認為鬆緊適中的法規，保證了漢王朝政治運作進入可運轉的軌道。蕭何死後，接替的**曹參**，一切照舊，**蕭規曹隨**，方才有漢初的大治。

劉邦始終認為，漢家天下，蕭何功勞第一，顯示，劉邦算個明白人。

張良，是劉邦的最佳智囊，以他的大腦，洞燭機先，隨時提供劉邦最優化的策略，使劉邦幾乎沒有犯過方向性錯誤。當初，劉邦搶先西進關中，秦三世投降後，劉邦進入秦宮室，本性發作，醇酒女人財貨，樣樣享用，

被張良點醒，這才封存秦宮室，並與秦民約法三章，留下後來的根基。鴻門宴，是張良計謀，使劉邦保住性命。後來，劉邦聯合諸侯冒進彭城，以為西楚已滅，本性復發，夜夜笙歌，很快被項羽奇兵打得潰不成軍。逃命時，丟下老爸和妻、子一家人，但腦袋清醒到沒丟下張良。等喘過氣來，意氣消沉，是張良鼓舞了劉邦的鬥志，用張良謀略，分化項羽與**鯨布、彭越**的關係，合**鯨布、彭越、韓信**三王兵力制約西楚霸王。。。可以說，劉邦成功之路，無不是張良指點的江山。連最後，呂后要落實自己兒子帝位，還是靠張良謀略，請出**"商山四皓"**（當時最有名的、劉邦也請不動的老隱士）做太子師傅，讓劉邦明白，呂后母子已經羽毛豐滿，皇帝也撼不動了。

韓信，以他自己跟劉邦的對話來形容：我是帶兵的將帥，部隊是多多益善，您是帶將帥的王者，只要提拔、指揮好將帥就行啦。。。韓信也是個性情中人，不忘潦倒時的一飯之恩，千金回報，更何況劉邦識拔重用之遇？劉邦**"登壇拜將"**，以韓信為"大將"時，韓信才 24 歲，還沒真正帶過兵。一旦帶兵，勢如破竹，平定華北（當時，是"中國"的 2/3）。打敗項羽時，韓信才 27 歲，統兵近百萬，而指揮自如。劉邦登基第二年，就設計擒拿受封在外地的韓信，帶回都城（長安，即西安）軟禁，降級改封"淮陰侯"，被殺時，不過 33 歲。項羽的英雄悲劇，激情的搏人熱淚，韓信的英雄悲劇，無辜的令人心痛。

呂后很年輕就被老爸許配給劉邦做老婆，劉邦打天下，呂后帶著子女，吃足苦頭，老早就看透了劉邦性格。劉邦逃命時，六親不認，什麼人都往車外扔，老命最要緊，偏偏還經常演出逃命；共患難容易，共享福，玄。。呂后的狠勁，有點變態，老公劉邦應該貢獻很大。呂后下手騙殺韓信，夷滅三族（近千口人），根本是吃定劉邦下不了手，劉邦事後知道，"且喜且憐"，又高興、又不忍，大致反映了實情。劉邦老來寵幸戚夫人，甚至想更換太子，就是知道老婆呂后的厲害，最終兩腿一伸，還是保不住戚夫人母子。劉邦死後，呂后極其殘酷地把戚夫人整成"人彘"（砍手砍腿挖眼弄啞燻聾，只剩嗅覺、味覺與意識），她對付韓信與戚夫人的手段，漢廷人人顫慄，差點顛覆了漢王朝。

劉邦殺功臣，經常是秀出自己的疑心病，逼這些人心理不健康而造反在先，再殺無赦。真正看透的，張良，索性跟范蠡一樣，功成身退，雲遊四海去，據說，成為道家之流的隱士，明哲保身。

聰明的，蕭何，當初**"蕭何月下追韓信"**，為劉邦物色了最佳將帥，後來，設計將韓信憛回漢庭受擒，導致韓信最終被殺，是**"成也蕭何，敗也蕭何"**。蕭何大概配合劉邦演出，他故意侵佔平民利益，顯出貪財的模樣來"自汙"，以便淡出漢廷。。其他諸將、諸臣的故事很多，人性化得很，不必一一列舉。

平民出身的劉邦，其實是個蠻自在的人。不怎麼做作，舉止的自我感覺極好。他年輕時，在鄉里當個基層的"亭長"（派出所所長之類），具備起碼的一點文化與資訊通道，活在鄉下人群裡，無需裝模作樣，人家也由衷尊重領導，生活挺愜意的。他的自然與自信，豪爽與江湖，大概就是他最大的本錢，贏得不少基本粉絲。縣裡的同事**蕭何**，亭裡的下屬**曹參**（文書）、**樊噲**（捕役，屠夫出身）、**夏侯嬰**（劊子手）、**周勃**（吹鼓手，**周亞夫**的老爸），同年同月同日生的同學**盧綰**，岳父**呂公**（他被劉邦A了一餐，但一見劉邦就喜歡，立刻將女兒<u>呂雉</u>許配，就是後來的呂后）等等，都是劉邦起家的本錢，人脈。

這些歷史本身，原本就是無巧不成書的好故事。

劉邦不愛讀書，常翹課，歷史記述還說，他也不愛下地勞動，常被老爸訓斥。那時，亭長常常需要送勞役人員到外地服役，有一次送徒役到咸陽，遠遠看到秦始皇出巡隊伍的壯麗，劉邦很自然地掉口水說："大丈夫亦當如是"，完全不顧忌旁人，如入無人之境。這，就是劉邦，天然的劉邦。

劉邦的生存策略，機靈，大氣，混，粗而不俗，不斤斤計較。那時，押送徒役是件苦差事，徒役逃跑經常發生，亭長也要挨官司，有一次，逃了許多徒役，劉邦索性放走全部徒役，自己也落跑，害得老婆被抓進牢獄，老婆出獄還得給他送衣物。

他瞧不起知識份子，知道讀書人做不出圈套以外的事吧。歷史記述說他"侮慢"，意思是，脾氣暴躁，喜歡罵人。其實是直爽、不拐彎抹角，我行我素，不按別人的牌理出牌，只管打理自己的牌。劉邦一生，全然"主動"，他其實活的很爽。

陳勝、吳廣揭竿而起後，天下大亂，劉邦已經 48 歲。縣令原也想起事，但反覆無信，被群眾殺了，迎入劉邦，粉絲們於是推舉劉邦為頭領反秦。基本上，平民思想，平民領導，平民隊伍，平民性格，革命目的：搶東西分唄。

劉邦樸實自在的素質，最終吸引了蕭何、張良、韓信等"專業"人才，至少，在打天下的時候，"天下"對他，是個模糊的對象，漢軍的誰打下什麼地方，就該是誰的地盤。這一招，刺激了漢軍陣營無數尋覓封侯的勇士。不過，劉邦的心思，是隨著一統天下的過程，慢慢滲入私欲，方才長成的。

比如，"非劉而王者，天下共擊之"，其實，跟小孩似的，他自己明白，三番兩次，打進都城就想玩樂、搬東西回家，皇帝位子只有一個，個個想要，劉邦自知控制不住自己的欲望，推想人人都跟他一樣吧。所以，蕭何自汙，他爽得很（哼，還不是跟劉某人差不離…），韓信被禁，他很得意（哼，還不是在劉某人手掌心…），劉邦最大的遺憾，一個是張良（我怎麼會碰到這個三槍打不透的人…？），另一個是老婆呂后（到底是孩子的媽，我搞不定呀…）。歷史記述，劉邦的人情味，相當豐富，做了漢帝國的皇帝，他回家鄉跟鄉里人聚會，喝了幾天酒，臨走，磨不過鄉親父老的請求，把家鄉的賦稅徭役免了。。。

除此之外，劉邦，跟他征戰的時候一樣，激動與冷靜相伴。理智與理性，應該是他最大的財富。漢初的治理，充分表顯出劉邦的才幹：抓主要矛盾、施行合乎實際情況的政策。

劉邦統治集團的第一代，平民出身的比例非常高，算是比較知道民間疾苦。人類歷史就這樣輪迴著，第一代冒險打天下，搶權力，平民全家變貴族。第二代開始，坐享貴族權益。以後，社會人群靠運氣，權力碰到"好"的統治集團，生活改善一點，碰到"壞"的，他們吃肉你喝湯、說不定還挨餓。。。

漢初當時，劉邦圈內，唯一比較不清楚的對象，就是**匈人**。大概，秦始皇北伐河套的由來，經過多年內亂，形成資訊斷層。面對匈汗國，漢初人物，幾乎一無所知。為瞭解情況，讓我們用下圖來檢視劉邦時代的漢匈形勢。必須注意：秦代長城線以南，才是漢初的中國世界。"**白登之圍**"劉邦的位置，約略在下圖中"上谷"與"雁門"的中點，反映出當時晉陽（太原）以北，匈人是隨時可以進出的。

圖源：日本經濟新聞社，游牧民族的世界史。作者：杉山正明

28

西元前 201 年，韓信被劉邦軟禁在長安，許多諸侯對國內局勢已經了然。這時，**韓**王信（韓王，是另一個同名同姓的"韓信"），被劉邦下令遷移封地到晉北防備匈人，結果，韓王在馬邑（山西朔州）駐留，乾脆投降匈國，準備聯合匈人進擊漢軍。

西元前 200 年，自信的劉邦親率大軍 40 萬眾，北伐匈國，幾場接觸戰下來，漢軍"小勝"，前進至白登（山西大同）。"突然"，匈汗國**冒頓**單于的 30 萬騎兵出現，劉邦反被圍困，無奈，只好用**陳平**計謀，厚賂冒頓王后**閼氏**，讓閼氏勸說冒頓，匈人解圍，劉邦方才脫險。

明白了漢帝國所處的外部邊際條件之後，就更容易明白劉邦漢初政策的實際。雖然劉邦不會馬上明白漢帝國碰上的匈汗國究竟多大，但他顯然意識到，長城就是漢帝國的邊疆了。好在，冒頓並不在乎中國文件怎麼記錄，"兄弟之國"也好、臣服也好，金帛子女可不能少。於是，歷史記述，狼狽回到長安的劉邦，做了幾件重大決策：

對外：

● 和親匈汗國

準備把跟呂后生的嫡長公主嫁給冒頓，呂后死活不答應，劉邦只好以宗室女嫁過去匈汗國。當然，少不了歲"賜"財貨（中國文官很擅長配合統治者，自欺欺人）。劉邦死後，冒頓遣使來調侃呂后，歷史記述的大意：你死了老公，我死了老婆，咱倆配對正好。（其實，如果按草原規矩直白的話，匈語是這樣說的：兄弟死了，留下的女人，不能沒有男人照料，你就嫁過來歸了我吧）呂后大怒，冷靜後，回覆冒頓：我年老了，沒法伺候好你。送了駕馬車與宗室女過去。

從這些記述，以及，劉邦認真的要嫁自己女兒過去，應該"白登之圍"還有一些被史料隱瞞的真相，也許，冒頓解圍的物質條件還好應付，但面子上以漢帝國做為匈汗國的屬國，過於屈辱。和親，雙方王室成為一家人，是最自然的解，也是草原部族間的慣例。不過，卻是人類有史以來，游牧帝國強迫農業帝國結親的第一次，也成為草原對周邊文明的統治模式，後來，一體適用於針對文明國度的東羅馬、伊朗、印度。。

劉邦不會知道，漢匈和親，就此延續了 200 多年。雖然漢匈兩部國家機器間的廝殺，並未因此止息，但，草原上，遍布劉姓皇族血脈…。"華夷之分"，至少對草原王族而言，成為相當虛擬的政治宣傳品，因為，王族子女的妻妾眾多，後代繁衍的數量驚人，而且草原上比較男女平等，無論父系或母系的後代，都算是王族（比如，成吉思汗血緣的"**黃金家族**"）。草原部落看待和親的中國公主的全部後裔，都算是匈王族，也是漢王族，這部分的黃金家族，他們要做"華"或"夷"，完全自由…！！

中國人的"華夷之辨"，反映的是人性無知自大的一面，有了一點文明，就忘了自己是老幾。跟近代白人搞的種族主義，完全一樣低劣。歐美搞的什麼雅利安人種等等，從現代基因學角度，頂多也就是溯祖 4 萬年前的"黃白標""白標"，看不見人類各部族相通、相並、你中有我、我中有你的演化過程。

對匈汗國的和親，以及，納貢、通商，為漢初帶來相對和平的環境，得以休養生息。

對內：

● 輕徭薄賦，休養生息
   田租，十五稅一（1/15，亦即 6.67%）。
   因飢餓而賣身為奴婢的一律免為庶人，解放了一些奴隸。
   商人不得穿絲、攜兵器、乘車馬，不允許做官，並加倍徵收其租稅。
   解散軍隊，讓士兵回鄉務農；願留關中的免徭役 12 年，回家鄉的免徭役 6 年。

對羨慕秦始皇的排場、愛享受、愛玩樂、48 歲才開始打天下的，劉邦，55 歲才當上皇帝，還能不忘民間疾苦、稍微壓制個人欲望，我們必須讚他一聲：了不起。

劉邦理智地看到，中國世界大病過後，需要休息，靜靜地休息。
基本上，他的確做到算得上個簡約的統治者。老頑童，不容易呀。

● 朝廷禮儀，漢律九章

制定朝儀禮樂，把（平民皇帝＋布衣將相）組成的新統治集團重新貴族化。事實是，漢庭組建伊始，平民味道很重，群臣眾將上朝，亂哄哄跟菜市場一樣，劉邦想要跟秦始皇一樣威風，無奈沒那氛圍。安裝人心軟體，他又沒那 know-how。那時，劉邦的鬱悶可想而知。於是，儒家上場，幫他制定、演練全套朝儀，他當然乖乖練習。

北伐匈國大敗後，劉邦班師回朝，看見新蓋的 "未央宮" 氣派豪華，立刻呵斥蕭何：太浪費了。蕭何解釋：不然怎麼彰顯皇家威儀？（還是蕭何瞭解他）。

新皇宮啟用，百官朝拜，行禮如儀，井然有序，肅穆莊嚴。劉邦非常滿意，從此知道，儒家，也很厲害。於是，平民出身的一大幫新興統治階級，迅速地連心理上也貴族化了，等級分明地上朝，不再是去開村民大會。

約法省刑，以蕭何的 "九章律" 取代過於簡單的 "約法三章"，呂后主政時，取消夷滅三族、連坐等苛法，後來，漢文帝更取消 "誹謗妖言令"（取消 "言論罪"，鼓勵諫議）。不論執行幾分，意思到了，就是以教化與刑罰並行，來管治社會。

但戶籍制度繼承秦制（“戶律”），以**張蒼**為計相（管計畫、計算、統計，副總理級別），進一步把戶籍的編制和管理納入法制軌道。戶籍登記的內容，包括戶口和財產的情況。其中，戶口情況記載戶主姓名、職務、籍貫、爵級、年齡及其家屬；財產情況計算每戶的動產、不動產。（張蒼，就是前面提過的荀子門生，刪定了中國古人集體著作的應用數學書籍，“九章算術”）人人都必須登記入戶籍，作假或不登記，論罪受罰。

凡登記在國家戶籍上的人口統稱為編戶民，編戶民不得隨意遷徙，如果非法遷徙，就沒有名籍（叫做**“亡命”**，沒有名籍的意思）。對沒有戶籍的**亡命之徒**，進行嚴懲。藏匿亡命之徒，無論王侯、官吏、豪強，一體治罪。（漢初時，人口少，嚴格執行）

為了加強控制，國家規定，出遊必須持**“符”**（或**“信”**、或**“傳”**），就是現代的**通行證**。一般是個竹簡，其上除記載本人姓名、職務、籍貫、年齡外，還記有便於識別的身高、膚色等特徵。

法鬆了點，禮緊了點，控制則水銀瀉地，把小農經濟特色，發揮到連遷徙都不得自由。法條裡，是取消了連坐罪、言論罪。但，打折扣的吏治＝打折扣的法治，執行，人的執行，很快走樣（言論、連坐等“人權”，始終看吏不看法，人權問題，其實是“吏治”問題）。。。這些，大概都不是漢初的軟體設計者們能夠預見的吧。。。

劉邦看似簡單的３大政策方向，影響深遠。中國式“法治”，真正的根基就是戶籍制度，旨在強化小農經濟，成就了中國式文明。劉邦之後的**漢宣帝**說的好：

　　　　漢家自有制度（意思是，不必一定要搞別人那套路）。

公平地說，布衣出身的，平民皇帝劉邦，跟他的一大幫平民將相，確實盡了力，想要打造一個“長治久安”的中國世界，雖然全社會的福祉並非他們打天下的目的。在“專制”與“法治”的平衡點上，在“經濟”

方式的選擇上，就他們的經驗與智慧而言，當時或許已經達到人性在權益欲望驅使下的、適應黃河流域氣候與水土的、最合理狀態了。在人類文明伴隨著農業生產而發展出國家機器與權力制度以來，(政權、金權)意識業已長期充斥人腦思維，文明，及其關聯的技藝、道德、利益、暴力、掠奪、審美，成為習性，即便當下全球社會，人群也依然還在繼續摸索著公私兩便的、更好的解。

就人類社群的文明演化來看，漢王朝之後定型的，基本上內向、一統的中國式文明，確實是一個獨特的社會形態，以中國區區可數的 11% 可耕地，不但養活了大量人口，還塑造了奇異的、"德治"的(專制王權＋文官集團)統治階級、造就了 16 世紀之前人類最先進的科技、以及、延綿最久的文化傳承。

如果人類願意思考怎樣設計、開發、安裝一個更人道的軟體的話，中國經驗，絕對是智人社會演化的一個明確的數據點(當然，也是全球性的參考數據)。

現代華人，大多自認為是"漢人"，平民皇帝劉邦沒白搭。

（二） 真正給中國奠基，**文景之治** 西元前（180-141）

惠帝（西元前（195-188））在位 ＋ **呂后**（西元前(188-180)）在位，
文帝（西元前（180-157））在位 、**景帝**（西元前(157-141)）在位。

劉邦在世時，漢制是在秦制平臺上，略為修整而成的。符合當時情況，非常實際，因為：

* 劉邦平民團隊，對大規模的統治，並沒有經驗，只能照抄秦的辦法，稍加整改，

* 秦法，在秦帝國時期，也沒有全面貫徹，漢王朝既採取 **"德主刑輔"** 路線，逐漸廢除秦法嚴苛的部分，是當然的，

* 既然打天下的初衷，是為了吃香喝辣；少點人分贓，剷除異性王，也是必然的，在這點上相當殘酷。分封劉姓諸王嘛，那也就是劉邦一個人心理上的安全感吧，後來，到漢武帝時代，方才真正成為統一的、王權專制的中央政府，從此，"封建"更不過是利益稍微分沾給王族親貴子弟的口號而已。

對老百姓而言，劉邦時代所定下的 6.67% **田租**，是實惠的。但這只是上交中央財政的部分，另外還有人頭稅（成年每人每年 120 錢，未成年與老人酌減，叫做"算賦"），按口繳納。劉邦和他的將相們，雖然中央集權、郡縣制，但，分封到地方的皇族子弟諸侯王，誰來養？羊毛出在羊身上，當然還是老百姓的負擔。歷史記述沒有列出地方稅率，或諸侯王的聚斂許可權，但，絕不會太少。並且，諸侯王既有領地，又常被賦予兵權，時間久了，感情或血緣疏離了，權力制度下的人性貪婪，終究形成割據問題。（這樣的歷史輪迴，實際是人類權力制度的軟體問題）

權力下的人性，劉邦一死，老婆呂后，立刻展現無遺。呂後的性格，很耐人尋味。專制的後遺症，那時就已展現，可惜劉皇家沒有心理顧問。尤其在權力交替之際。

劉邦老病，呂后問他：國家那麼大攤子，以後怎麼辦？劉邦回答：蕭何死後，**曹參**可以接任，這人循規蹈矩的，不會出亂子；如果出亂子，找**周勃**一家子，周家是劉家的死忠，必能解決。呂后追問：再下去呢？劉邦回答的超實際：走一步就不錯了，哪裡能料理未來呢？呂后在這方面，具備高超的智慧，掌政後，完全按照劉邦的指點來辦事，沒出大紕漏。

但為了她自身的安全感，呂后早先已經夷滅韓信、彭越三族，劉邦死後，再殘殺戚夫人母子，手段之狠毒，連她兒子，**惠帝**，也心驚膽跳、日夜不寧，惠帝乾脆自我縱欲至死（有意識地自殺，目睹人彘慘狀，情何以堪）。於是，惠帝七年，加上呂后自己正式上臺面統治八年，前後 15 年，呂后是中國的實質最高統治者。一個足不出戶的女人，居然做到漢庭裡裁治天下，除了劉邦教她的那幾招外，呂后能忠實地繼續執行休養生息政策，客觀上滿足了中國人的需要，是最大原因。也許她久經磨難的前半生，生存，使她的理性超越了她的欲念。

呂后以太后身分，母權操控政權，也開了中國歷史先例。王權專制，又多了一個變異基因。她對皇家事務的手段之辣，竟然也經常被沿用。但呂后雖對家裡殘忍，對外卻明令廢除"夷三族""挾書令"等秦法。（劉邦沿用秦法的挾書令，只許官方藏書，不許民間流傳，秦始皇"挾書令"是不允許民間典藏政府規定之外的圖書的）

末了，呂后一死，**陳平、周勃**果然與劉家聯合，一舉鏟滅呂后提拔的娘家呂氏派系，迎立他們認為"仁厚"的劉邦兒子**劉恒**為帝（意思是，劉恒比較寬忍、儒弱，或許比較好控制），就是**漢文帝**，劉恒在位 23 年。

文帝的**竇皇后**，崇通道家，讓子女們（包括太子，**劉啟，漢景帝**）和娘家子弟都學習道家學說。道家"無為而治"的理念，就此因緣際會，真的在中國世界演練了 40 年，史稱**"文景之治"**。

文景之治，儘量以"不作為"取代"作為"，無為而為，對統治階級來說，其實很難做到。無論如何，文帝是這樣做的第一個統治者，恐怕是整個人類史上的唯一。

首先，他自己做到生活儉約，不輕易增添宮廷已有的一切東西，貴族官僚統治集團當然也就不敢太炫富或比賽奢侈。文帝甚至下令，不准諸侯或地方進獻奇珍異寶，畢竟，皇家的一切，最終仍然是老百姓買的單。

其次，文帝兩次下令減收當年田賦一半、一次全免，並且，把人頭稅減為每人每年 40 錢，把徭役減為每三年徵召一次。

這樣的領頭作用，自然也不會輕易跟周邊國家幹架，大抵，跟匈國繼續和親、跟南越國繼續通商，也就沒發生大戰事。（南越國都番禺，即今廣州，秦王朝南征將領**趙佗**所建，呂后不知怎地跟他過意不去，封鎖邊

界，拒絕往來，摩擦時起。文帝上臺後，派人清理趙佗祖墳，任用趙佗兄弟，開放邊界貿易）

文帝時，還發生**緹縈救父**的故事，淳于緹縈的老爸犯罪，按律被判肉刑，當時還是秦律的味道，緹縈居然可以直接上書給皇帝、皇帝居然也看得到（幸好沒有"上訪辦"？），於是文帝下令**廢除肉刑**，廢止黥（臉上刻字）、劓（削鼻子）、刖（剁腳板）等殘害肢體的刑罰，改為苔刑（抽鞭子）。

文帝的"無為而治"，當然不可能完全"不作為"，世上不存在不做事就可以治理得好的人群社會。他能識拔青年知識份子**賈誼、晁錯**，採納晁錯諸多建議，又讓晁錯當皇太子師傅（後來成為景帝政府的首席智囊），充分證明，漢文帝是個智慧的君王。他，其實，是後世"中國"真正的奠基人。

歷史記述，包括司馬遷，都直接反映作者的時代烙印，政權或金權，的烙印。如果人們的視線不被這些花花烙印弄糊塗的話，功業≠好的影響，甚至，許多勞民傷財的功業，常常就是壞的影響。從人性的角度，全世界人類歷史，漢文帝是少有的一個特例，算得上是，人本或民本的，大統治者。比從古至今所有的大帝、總統都強，值得細述。

劉恒，漢文帝，是劉邦打天下時，從敵對諸侯那裡搶來魏國**薄妃**、納入後宮，然後生了他，換言之，如果劉邦沒做成皇帝，劉恒也就是個小老婆生的兒子。劉邦打天下，越打越大，玩樂的胃口也越來越挑，薄妃很快就被冷落。劉邦的眾多女人，一共給他生了 8 個兒子，薄妃母子的待遇，敬陪末座。劉恒倒因此養成低調、從不惹是非、謹慎小心的性格。呂后當權期間，劉邦的長子自然死亡、她兒子（惠帝）被她自己嚇死、她又殺了劉邦其他老婆的 4 個兒子，於是，呂后死時，劉邦集團能夠挑選為皇帝的人選，只剩<u>劉恒</u>和<u>劉長</u>。這時候，平常生活的低調習性，不單讓劉恒逃過呂后的毒手（覺得他不足為患），也讓受夠了強勢皇家手段的群臣認為，劉恒上臺，對大家都有好處（易於操控）。

漢文帝，是從這樣的人性化的自然選擇中，登基的。

一朝大權在握，一般人都會得意忘形（今日的暴發戶、富二代、官二代、明星等等，就那丁點名利，都展示同樣的人性），睿智的劉恒沒有。漢文帝很清晰的認識到，跟他不怎麼親近的劉邦老爸，留給他的，是國都周邊中央直轄的 15 個郡（雖是人口大郡，但諸侯國手上有 42 個郡），而帶兵擁立他的是**陳平、周勃**叔叔輩的打天下的老臣，所以，一開始，漢文帝封賞功臣、恢復呂后斥退的各諸侯的爵位，讓大家都爽了一把。

君君臣臣的規矩，慢慢從政變的亢奮裡恢復過來了，文帝下令，讓留在京城的諸侯都回去封地（這幫人留在京城，耗費不少糧食，而且加重封地人民的供輸負擔），沒什麼人搭理他，他就叫驕橫的周勃做表率，趁機收了周勃的丞相位子。這時，有人誣告周勃"謀反"，文帝怒歸怒，逮捕周勃，但非常理智地處理，讓自己人查明後，立刻"無罪開釋"。

這種真正的帝王雅量與德行，諸侯不服都不行；老實說，別說 2、3 千年前那時，即便現在，人們早已接受權力制度下的暴力，欲加之罪，何患無辭。

漢文帝的**竇皇后**，原是呂后賞賜給他的平民宮女，父母已逝，兄弟失散。冊封竇皇后那天，老實的竇皇后向慣於簡約的皇帝老公提出的慶祝的要求，僅僅是宴請天下的鰥寡孤獨，並賜給窮困者一些布匹、糧食、酒肉。竇皇后善良的名聲傳播開來，她離散多年的弟弟，聽到跟姐姐同名同姓的皇后名字，忍不住，上書漢文帝要求認親，皇帝居然還看到了信，他還不知道皇后真正身世呢。問明竇皇后，文帝的人性本質就看出來了，皇帝說：老婆，對不起，我只顧照料自己劉家人，忘了照顧老婆親人了。。。

於是，帝后一起接見竇家弟弟，一幕感人的姐弟認親景象，皇帝和宮女在旁跟著掉淚，哪裡像是大漢王朝的宮廷裡可能發生的事，或許更像尋常百姓家的亂世離合。劉恒，雖然仍然是皇子出身，無虞生活，歷史的偶然，使他跟他老爸一樣，沒有脫離真正的平民人群。歷史還更偶然，很戲劇性，劉恒死了幾個兒子，最終是竇皇后的兒子，**劉啟**，繼位為景帝。

只能說，漢初連續兩代平民本質的皇帝，是老天爺眷顧中國人吧。

寒微出身的竇皇后，很有原則，她不讓老公過分照顧娘家，因為知道皇帝老公和群臣都給呂后經驗嚇怕了。她在皇家裡頭跟著皇帝一起提倡道家，**清靜無為**，不多事。道家精神深入中國人心，影響到後世，變成，無事不找事、有事不怕事。近代，**彭德懷**元帥對生死的表達相當中國：**不以為然、不得不然、順其自然**。

中國史上堅持守法的統治者不多見，文帝是其中一個。他不輕易變更法條，不以皇帝的意志加諸已成文的法律之上，非常難得，反過來還要求臣民切實執法、守法。法律，對他而言，是上層與下層之間共同需要遵循的制約，必須是互相可執行的、可做到的條款，每每察覺到不利民的條款，便加以修改。

總的來說，漢文帝是以皇帝的威權，實施管仲的治國理念：以人為本、以民為本。

囿於儒、道、法三家學派的糾纏，德化、刑罰、獎懲、寬緊，之間的 "度" 或 "術"，永遠說不清。其實，人性本身就很難說清，但社會運作很實際，調動老百姓的積極性，順應並引導人群的力量，才是管仲務實的高招。文帝面對外有匈國、內有諸侯、百姓疲弱的邊際條件，一面高調宣導道家、躬修節儉，一面低調與民休息、培植國力。他賞識年輕人賈誼、晁錯，破格提拔，採納晁錯一些實際可行的建議、暫時擱置一些激進不可行的，足可看出文帝驚人的睿智。

文帝所採行的**晁錯**建議：

● **移民實邊**

38

晁錯給漢政府算了筆賬：秦徵召兵役，百姓輪番戍邊，防備匈人，人生地不熟，傷亡累累，而刑罰嚴苛，平民經常因此獲罪，大失民心士氣。另外，戍邊部隊，倚賴內地供應糧餉，路途遙遠，輸轉既耗民力，供應後勤本身，也耗糧食。

結論：戍邊策略，非中國國力能以支撐，不如屯邊，移民實邊，組訓成屯墾兵團，寓兵於農，平時生產，戰時或應變，集結也快。

晁錯另外關於軍事的建言，也頗有管仲的味道，主要強調：匈族騎兵並不可怕，只要器械得當、戰術訓練純熟、發揮自身的強項（熟悉地形，以多勝少等等），依然可以戰勝。雖然仍是防禦，總的來說，是提倡"有備無患"，包括聯合敵人的敵人（比如，也是游牧部落的羌族義渠國），一起抗擊匈汗國。

文帝不但實施這個策略，還在西、北邊地設置"馬苑"（養馬場），以政府之力，養馬 30 萬匹，更鼓勵民間也餵養馬匹。於是，馬多了，人們自然熟悉馬性，漸漸明了馬匹的機動力。

此後，屯田＋養馬，成為冷兵器時代，農業中國應對游牧國家的唯一選項，似乎也找不出更好的防禦策略。

● **納粟拜爵**

晁錯這個有名的 **"貴粟論"**，重點：以穀糧做為政府賞罰的硬體，穀糧等同於基本財富，跟財寶名利一樣貴重，老百姓就會勤於種田，安居樂業，增產報國。他摸索到了農業國家的根本，尤其是中國的小農經濟形態：

人多，災荒造成的飢餓，生存本能驅使下的人性，必定使社會動盪，而地球氣候並不聽人使喚，旱澇蟲災，無從避免，所以，存糧備荒是農本國家的必須。對此，財富的其他表現形式，無能為力，比如，金銀財寶貨幣。

文帝立刻下令實施，農民向邊塞輸納糧食，可以換取虛的爵位（以跟官吏平起平坐）、或贖罪免刑，很快落實了移民實邊的啟動需求，邊塞存糧豐足，使屯田可以持續，逐漸增強了農業中國的防禦縱深。

後來更進一步，郡縣也存糧，豐裕的糧食，保證了漢初社會的穩定發展。（景帝時期，天災頻仍發生，絲毫沒有影響王朝或社會的安定）

晁錯具備敏感的觀察力，他還向文帝指出中國社會的演化歷程：
① 五帝時期，人智未啟，是首領個人領導，統治者說了算（酋長制，早期的部落國家嘛
② 夏商周時期，人智已開，是統治階級少數人集體領導，幾個人商量了辦（宗法封建制，邦聯性質的城邦國家聯盟）
③ 五霸之後，社會的數量級已經具備相當的複雜度，是官僚統治階層拽著霸王來領導，需要法制（城邦國家走向一統國家）

他總結：社會的需求即人情的需求，法制必須滿足與協調人情（實際是基本人欲，比如，長命、富足、安逸等等），需要實施中央集權以及菁英管治，把政權集中於王權，社會才安定，所以，反對地方諸侯分權分裂；但皇帝一人也不可能治國，所以，統治者要納諫、保持資訊與意見的暢通，並注意人才的培養與任用。

兩千多年後，回頭看這歷史，不能不說，人腦，通的，時間空間，都不是障礙。晁錯如果生於現代，至少也是世界級的學者。那時，當然沒有現代的經濟學，"財富"自然也不是重農政策可以全然左右，穀糧，更不可能像貨幣那樣流通。但，囤積糧食，的確是解決了全民的吃飯問題。

漢文帝晚年，中國人口不止翻番，估計，達到 4 千萬以上。漢初封的萬戶侯，這時已繁衍至 3、4 萬戶，以糧為綱的小農經濟既助長了糧產、也增長了人口，但存糧既有富裕，糧價只有下跌，物價是平穩了，農戶卻更為貧窮。

賈誼、晁錯都看到了土地兼併的社會現象，皇帝也慷慨地減稅，兼併卻似乎愈演愈烈，為什麼？

任何權力制度裡都存在經濟活動，包括虛榮、文娛、教育等的滿足。文景任內，為培育人才，京城太學生，一度上萬，政府沒捨不得花錢。為了政府財政，文帝開放民間開山、挖礦、煮鹽、魚撈，於是，工商業也繁盛起來，後來文帝乾脆取消過關的通行證（"傳"），使貿易與物流更加方便。

文景之治創造的繁榮，很快在工農兵學商的社會裡加速了貧富懸殊。畢竟，社會人情多樣，漢文帝的宮廷可以只穿黑衣，農民可以獲得些政治照顧，富商權貴可不客氣地連奴僕都紋繡穿扮來炫耀財富，錢、權的佔有，標誌著社會等級。。。這些數據，無非顯示，中國社會業已成長到一個數量級，經濟或金權，不再是政治或政權，可以完全掌控的了。

實際，文景時期，貴族、官僚、富豪，早已競相奢華，只是礙於皇家帶頭節儉的體面，還不至於過份招搖罷了。國家機器的等級軟體，權力主宰分配，欲望可以被激發，人情還可以虛擬化。財富與等級的滿足，本來就是權力制度軟體的傑作，人類當時的智慧還看不到這些問題的存在。

文帝沒採行的**晁錯**建議：

● **削藩**

賈誼和晁錯，老早看出來：劉邦雖然剷除了異性諸侯，但同姓諸侯卻形成 **"尾大不掉"** 之勢，遲早必然造反。賈誼早死，晁錯繼續激烈地勸說漢文帝，削藩，鞏固中央政府政權（王權）。

但文帝沉得住氣：主動削藩的時機未到。
（他的中央，實力或許是當時中國世界的 1/2，地區則只約 1/4）

文帝登基後，發生過幾次諸侯王造反事件。平定後，文帝採取溫和、有效的削弱措施：將造反的藩國，或國除、置郡，或分成幾份給皇族子弟，多幾個小諸侯，既達到強幹弱枝的效應、又不主動刺激大藩諸侯的神經。文帝也懂人情，大諸侯死了，把名下的封國，分給幾個子嗣都當小諸侯，皆大歡喜唄。

總之，漢文帝沒留下什麼激情浪漫的功業，他留下的功德，不僅僅是漢王朝的基業，而且滲進中國人的性格中。後來，當西漢王朝覆滅於下一輪的平民造反的時候，**赤眉軍**掘盡長安城附近全部的西漢王陵，除了一個，霸陵，文帝的墓葬。我們這就明白，平民百姓對漢文帝，有多麼尊崇。人民的眼睛是雪亮的。

文帝死後，太子**劉啟**順利繼位，是為**景帝**。雖然有著平民性格的父母，景帝可是正經八百的"貴族"出身，這不是他的選擇，他是宮廷裡邊長大的孩子，儘管父母都低調，畢竟仍是統治者，王族的教育方式，必定使他具備一些不自然的元素。

劉啟太子，10歲就失手殺過人，在未央宮裡跟吳王的兒子下棋，兩個王族小孩玩著玩著，都好強嘛，爭執起來，劉啟拿起棋盤一砸，吳王兒子，死啦。皇帝老爸心裡有愧，對吳王不免格外寬容，吳王於是公然開銅礦鑄錢、煮海鹽賺錢、免吳民賦稅、攬亡命之徒。人情，就是吳王要造反。

劉啟繼位後重用晁錯，晁錯公然倡議削藩，捅了馬蜂窩。不久，吳王果然以"清君側"為名，聯合諸侯，七國造反。劉啟一慌，腰斬晁錯，以為諸侯就沒理由反了，這時，劉啟似乎沒看透人情，吳王就是仇恨他的嘛。七國聯軍繼續進逼，景帝用軍紀嚴明的**周亞夫**（周勃兒子）為主將迎戰，幾個月便敉平叛亂。除了中央軍指揮得當之外，文帝留下深厚的民心基礎，肯定是一大因素。

七國之亂前夕，皇帝劉啟還犯了另個錯誤。他知道母親竇太后寵愛老二（又是，人之常情），竇太后經常跟他暗示，下一輪，讓他弟弟繼承王位。兄弟倆感情本來就不錯，有一晚在宮裡喝酒，皇帝醉後跟弟弟說：我死後，你來接著做皇帝吧。君無戲言嘛，酒醒後，知道自己失言，只能擱置不議，並派大臣勸說竇太后不要再提繼承問題（還是人情，皇帝友愛弟弟，不會超過愛自己兒子之情。母親雖可能偏愛小的，但也不至於在那麼大的賭注上亂攪。。）。幸好，皇弟就封國後，比皇帝早死，算是老天爺自然幫了劉啟一個大忙。（歷史記述，皇弟還是謀反了，皇弟集團派刺客潛入京城，暗殺大臣們，陰謀敗露後，驚恐染病亡故）

景帝對權力的運用，是敏感、老練的。斬殺晁錯，不排除是將計就計，後來也逼死了周亞夫。雖然我們不明白他為啥要收拾自己的文膽、武膽，或許不儘然為了心理安全感，大概有點逆反的荷爾蒙作祟：對他老爸老媽"無為而治""忍讓"的反動。

景帝，相對而言，是個相當"有為"的帝王。
他很下了一番功夫來整理朝政：
趁七國之亂迅速平定的威勢，景帝貶抑諸侯地位，"王"僅存門面稱呼，實際，已無國土可治（諸侯王不得任免官吏），也無需朝貢，因為"唯得衣食租稅"而已，換言之，餵養在那裡罷了，此後，想反也反不起來。中央直轄的"漢郡"升至 44 個，超過全中國的 3/4，算是把劉邦阿公的"封建"遺孽給清了清 。（王權專制的人情，就是下意識地，第一代拼死打天下，分封子弟，以為分贓統治即可強藩屏障，第二代為了坐穩權力，開始殺骨肉或宗室，越有功績或才幹，越早挨刀。）

內政，
- 沿續父祖輩的輕徭薄賦政策，把田賦減半為 3.3%，把丁男服役年齡推遲 3 年到滿 18 歲起算。這些，成為漢代定制。
- 繼續寬鬆刑罰，強化司法的公平性與合理性。
- 全國郡縣辦理學校，投資教育。
- 任用酷吏（其實是認真的執法人員），嚴厲打擊不法罪犯，收斂富豪、官僚、權貴，懲處擅用或濫用民力的官員。這辦法，景帝兒子，武帝，繼續發揚光大，挺管用的。

● 強制遷徙豪強宗族，分化其地方勢力。漢武帝，以至後來的王朝，都常沿用。

外交，
● 對匈國繼續和親，但屯墾兵團與養馬政策已初見成效，並在有限的戰事裡，識拔了**李廣、程不識**等將校。
● 對南越國繼續和平通商。

景帝治國，成績斐然。文景時期，老百姓真的休養生息了近 40 年，以至於，糧倉飽滿，存糧溢擱在倉外腐爛，國庫也飽滿，串銅錢的繩子也爛掉，難以點算。

文帝奠定的基礎，景帝夯的更加牢靠了，至少表面上是如此。
文景之治，是傳統中國歷史記述的"樣板"盛世。

我們在此小結一下，看看中國式文明的基礎，底層平民的實況，從而感知，為什麼富不過三代，朝代傳不過三百年。

文景時代的農民負擔

背景：◆ 中央財政基本倚賴淮河以北戶口（估計那時占全國 90%）；
　　　◆ 以秦制為範本。

田賦：◆ 針對土地所有者，實際以平常年畝產每年 1 石粟為準，定額，實物徵收；
　　　中央正稅 3.3%，合每畝約 4 斤粟，不算多。地方各種名堂的附加稅，大約是田賦正稅的 1/4（約 1 斤粟）。
　　◆ 秦制：政府養馬等動物所需的飼料與禾草，中央徵收附加稅。"芻"（飼料）稅，每百畝 3 石，部分可折錢繳納、或 1 芻折成 2 稿繳納。

"稿"（禾草稈）稅，每百畝 2 石，實物繳納，需自行輸送到
官倉點收。

漢代田賦確實訂的不高，對地主（含自耕農）大大有利，但是，
芻稅被官僚地主階級很天才地轉嫁給農民：文景時，芻稅被區
分為"田芻"（約 12%）與"戶芻"（約 88%），巧妙地攤到人
頭上。於是，地主負擔少而農戶負擔重。農民沒錢雇人運送稿
稅，只好自力運送，地主官商又大量把芻折為稿，禾草體積大，
更加高農民的輸送成本。

人頭稅：漢初規定，農民（15 足歲以上）男女"算賦"每口每年 120 錢，
　　　　兒童（7-14 歲）"口賦"每口每年 20 錢。商人及其奴婢的算
　　　　賦加倍。諸侯國另徵收地方"獻費"，每人每年 63 錢。

　　　　文景時，農民算賦減為 40 錢。人頭稅，實際仍是各級政府的
　　　　財源，國家機器膨脹、政府開支增加，降低田賦就必須增加人
　　　　頭稅，所以，沒有成為定制、也無法定制。（武帝之後，算賦
　　　　恢復為 120 錢，維持到東漢結束）

徭役：男丁（漢初定義 15-60 歲，景帝改定為 18-56 歲）
　　◆ 正卒（兵役）
　　　一生須正式當兵一年，期滿返鄉後，仍需隨時應召。
　　◆ 戍卒（戍邊）
　　　一生須到邊境屯戍（或到京城當衛兵）一年，如遇戰事，役期
　　　還得延長。
　　　准許花錢（大約每月 300 錢）雇人代役，一般農民多親自服役。
　　◆ 更卒（勞役）
　　　3 年 1 次，每次 1 個月，在地方服勞役，築城、造橋、修路等。
　　　准許花錢（每月約 100 錢）雇人代役，後來演變成地方稅，叫
　　　做"更賦"。

但官僚、地主、士紳另有可以免役的路徑：① 宗室、諸侯、功臣的後代，② 文官薪俸 600 石以上，武官都尉以上，③ "博士"（學術官，相當於現在中科院院士）的正式學生，也就是 "高級知識份子"，④ 具備車馬等資產的庶民，可以交納一定數量的奴婢或穀糧，取得免役資格。

結論：文景盛世時，平常年市場粟價每石大約 30 錢左右。三大兩小 5 口之家的自耕農，也許有田 150 畝，平常年份，年產約 150 石粟，自家吃用需 30 石，中央田賦 5 石，地方田賦 1.25 石，餘下的換回約 1700 錢（產地價按平市場價 1/2 計算）。其他附加稅、規費、社區、祠堂等，至少需繳納 250 錢左右，而全家人頭稅，平均卻需上繳 475 錢，政治體制的維持，徭役之外，約占掉農民年產出的 35%。一年的辛勞，一家不過剩下 975 錢可以度支，每月 81 錢，應付日常穿、用…!! 所有徭役，還能不親自出馬服役嗎？（如果農忙，徭役也通通折錢繳納，則平均每戶每年需多負擔 200 錢，這樣，農民年產出的 44% 都被徵收掉了）

荒年，產量減少可達一半，則實物征完田賦後，只剩 20-50 石左右可以交易，那時糧價高，也不過換回 700 錢左右，甚至不夠繳納人頭稅等現金稅項。。。

這還是有田 150 畝的自耕農的情況，萬一他被兼併了呢？哪怕賣掉部分土地，恐怕都是無法承受之重，惡性循環只會越陷越深，終至喪失土地，淪為佃農。

怪不得，連文帝時期，都還存在農民殺嬰的記述: 怕交不起每年 20 錢的 "口賦"。實際，兒童口賦，武帝時期的起徵點是 3 歲，就更難了。

上述的境況，受限於傳統歷史記述，正史，諸多避諱與誇大，零零碎碎。幸好，近年來的考古，出土許多秦簡、漢簡，記錄了郡縣鄉里的賦稅數字文檔，數據真確。現代學者據以推算，所反映的情況，至少在數量級上，大致對的。

（文、景的善心） ＋ （賈誼、晁錯的才智），重農抑商政策，不敵以土地做為終極財富的隱形利益集團，收收租、放放利、倒買倒賣投機 "貿易"，錢滾錢，日子多爽啊。這或許是經濟金權對抗政治王權的 "中國式" 演化，上有政策，下有對策。這個 "下"，不是底層平民，而是整個社會中上層（權貴 ＋ 官僚 ＋ 地主 ＋ 士紳 ＋ 商人），透過土地的佔有與兼併，利用政府的政策與資源圖利，他們具備類似現代跨國公司集團的基因：唯利是圖，以及，隱身的手段：對制度軟體的<u>話語權</u>、對產品硬體的<u>定價權</u>。

如果資產稅大於所得稅、所得稅又大於人頭稅的話，按人頭納稅，是可以做到很 "公平" 的。關鍵是：所有稅項的用途與賬目必須透明，不被任何私權（官、商）以任何方式奪走。這是所有人類社會制度軟體的關卡：人性貪 "利"，但怎樣才是 "合理的" 利益分配（薪支、酬傭、利息、租稅、分成…）呢？

文景父子兩代的睿智，努力為自己、為百姓做了許多事，他們無為而治的年代，成為中國史上稅賦很低的時代。然而，真正 "休養生息" 的是那個龐大的利益集團，靜悄悄的滋生，他們忽悠了文景，吸吮著原本要留給平民的好處，迅速脹大、脹爆，形成中國式文明的一大特色：
歷史輪迴。

顯然，田賦低 ≠ 農民得好處。不論儒道法家、也不論現代的所有經濟理論，理想狀態的 "自由市場" 或 "計劃經濟" 絕對存在不了，因為，現今人類社會是在權力制度下演化出來的，生產、分配、流通一整套環節，都在政權與金權的權力制度下的私利規則裡運轉。理論上，低田賦是可以造福廣大的小自耕農自由民，但，所謂的 "資本運作" 立刻鑽文景政策的空子，都是自由民嘛，"自由" 兼併嘍。。。再炒作點 "立法"，"自由貿易" 一下，最好連交易稅都免掉，保證全部負擔，"自由" 下放到底層無權無勢的民眾身上。

2000 年來的中國史，可以提供太多數據點："重農抑末（工商）"政策，從未貫徹，也無從貫徹。因為，雖然有那個政策，但搭建出來的制度軟體，卻刺激形形色色的財富貪欲（錢與權），由工商業的角色完成。

所以，歷代的重農抑商政策，不能避免財富集中、土地兼併、稅賦轉嫁平民的結局。

西方現代的"經濟"學，專注於"利潤"遠大於"滿足社會需要"，賺錢的本事大大地，純純的僅只滿足人性安逸趨利的欲望，為了利潤，不惜創造、激發物欲，自由嘛。

其實，完全的金權自由度，在政權渾然無知的文景時代，早已在中國社會演練無遺。結果就是，歷史模式（土地分配、稅賦平均、農民生產、社會繁榮、土地兼併、稅賦轉嫁平民、農民革命）的一再循還。

官僚集團貪腐，跟資本集團貪婪，有啥兩樣？貪腐不能合理化，貪婪就可以嗎？一個是中國式，一個是歐美式，如此而已。官僚集團貪腐，害中國人亡國滅種，中國人的歷史發生過幾回，老百姓知道去找誰算賬。資本集團貪婪，害全球經濟崩盤，100 年內的世界史也發生過幾回。兩次"世界大戰"背後都有金融海嘯肇因，受害的人們知道去找誰算賬嗎？這叫"制度化"受害。從歷史看，金權，早已凌越政權之上。還隱形的。

千年後，唐王朝識破了這把戲，取消人頭稅，讓真正有錢有地有資產的地主們交稅，但很快變質。又千年後，大清朝的雍正皇帝才又盡力做到**"攤丁入畝"**，於是，記述歷史的人，什麼緊的、鬆的、有的、沒的，評說一大堆，就是不肯面對雍正真正的"公平"心，因為，雍正侵害了那個龐大利益集團（包括寫史的人）的"利益"。這，以後再敘。

正如晁錯告訴文帝的史實那樣，春秋五霸之後，實際管治國家的是官僚和利益集團（現代術語，叫做"專業"管理人與"資產"持有人，都是

"知識份子"），皇帝，只能引導一個方向、或者也下海大撈。有心為老百姓做點事的帝王，還得花盡心思、很費勁的去看住自己的官僚，以及，自己也看不到的制度怪圈，太累了。

文景父子，都沒活過 48 歲。雍正，據說也是累死的。晁錯看出來，其實是官僚集團拽著皇帝跑，天真地以為，皇帝大概也可以拽著這個集團跑。。。景帝早早幹掉他，興許也是個妥協的信號吧。難以揣測。

景帝死後，太子**劉徹**即位，是為**漢武帝**。

（三） 塑造"漢人"， **漢武帝** 西元前（141-87）在位

劉徹老媽，很花了點心機搞定景帝劉啟，自己成為皇后，唯一的兒子成為太子。劉徹從小就聰明、大氣，劉啟也感覺這個兒子，不同凡響。歷史，常常就是無巧不成書的故事。

景帝臨終，簡單的告訴太子：**知人、知己、知機、知止**，並大致解釋了一下：君干嘛，周圍一定粘著一大瓜子人；用文人，不怕他不懂，怕他裝懂、故意使詐忽悠你；用武人，不怕他不勇敢，就怕他是條莽漢、一衝動什麼事都做得出來。。。

劉徹，在崇尚簡約自然的帝王家生長，7 歲就被立為太子，養尊處優是不必說的。幼兒時的劉徹，皇帝老爸問他：長大了想不想也當皇帝呀？他脫口而出答道：做皇帝，是老天爺決定的事，我倒覺得常在您這兒玩玩挺歡的…。

他姑姑跟媽媽搞宮廷內結盟，把他表姐阿嬌許配給他，逗問那時還是個小孩子的劉徹：漂亮的表姐會成為你的老婆了，你會對她好嗎？他很自然地回：我給阿嬌表姐蓋個黃金打造的房子好不？這個 **"金屋藏嬌"** 的

典故，出自天真無邪的小孩口中，或許反映了劉徹的天性。如果不是生長在帝王之家，他也許就是另個天然的劉邦，機靈而不做作，我行我素。

劉徹 16 歲繼位，那時的漢庭，浸淫了 40 年的道家思想，皇帝的祖母、文帝的竇皇后，無疑是黃老之學的守護人。但是，中國的家庭倫理，是"儒"式的（禮教，其實是，西周王朝的宗族式，被儒家推崇，儒生們又掌握了話語權…），竇老太，論資排輩，連皇帝也招惹不起。儒家，在皇家內部，造就了竇老太的道家思想的專制，皇帝，也得"孝順"，不然就不好混了。

不逆反，就不叫做"年輕人"，年輕的皇帝，難免虛榮，老爸留下偌大家當，整天搞清靜無為，威風往哪裡擺？新官上任還放三把火咧。偏偏漢武帝身邊有兩個今天看起來挺無聊的文人，他們給他出餿主意，天子嘛，去泰山封禪祭天唄（還可趁機公費旅遊一下），再搞個豪華一點的辦公室（皇帝怎麼可以那麼寒酸，不合禮制呀）。這些熱鬧，竇老太當然皺眉頭，這兩個"儒家"馬上變臉成"法家"，他們給皇帝出了更餿的主意：皇帝獨攬王權嘛，何必事事奏報太皇太后？結果，惹毛了竇老太，"道家"也變臉成"法家"，隨便抓住點小辮子，就叫皇帝把他們下獄，往死裡整。於法，皇帝不能說不，於禮，皇帝也不好說不。

事實是，武帝接班時候的環境，已經不是漢初的窘困，劉徹是富貴人家的孩子，竇老太是平民人家的孩子，祖孫兩代的代溝挺大的。就政治而言，管治那麼大一個國家機器，以當時中國人已經開發出來的軟體，實用的、必須使用的，也就是（禮 + 法），或（法 + 禮）。

但，人就是人，大概，人口密度大了，成天要碰在一起，人際競爭下，就連做學問、思想都喜歡分派系，沒事找事地鬥一下，美其名曰"文人相輕"，道法儒，固然是壁壘分明，沒事互轟兩炮，就是同門內部，一樣也宗派旗幟鮮明，彼此對砍一下。

人口密度越大，中國知識份子的功利性，越明顯；其實，也就是爭奪個人那丁點生存空間。學問或文化，經常成為私密工具，找到知識或數據，大多不是公開、而是掩藏，隨時準備 A 點錢或權，大大發作人之常情。

儒"家"文官看道"家"文官得勢，很不爽，性急了點，趁年輕皇帝的動心，想擴大影響，搶先一把抓到思想主導權（話語權）。偷雞不著蝕把米，白犧牲了兩個還不錯的文人。結果，武帝從政的第一課是：不要招急，慢慢來。於是，既然內政多少得顧著祖母竇老太，年輕人本性的劉徹 + 順勢而為教化出來的劉徹，那就搞外務去唄，目光自然焦聚匈汗國。可是資訊不靈，不瞭解匈人，於是，放長線釣大魚。

首先，西元前 138 年，派張騫出使西域，實際是去搞情報，調研情況。這是很冒險的事，張騫一出了國門就被匈汗國拘留 10 年，娶了匈族老婆，輾轉遊歷至北印度，13 年後才回到長安，帶回許多草原與西域城邦諸國的正確資訊，成為中國史上第一個"海歸"，而且是真正有用的海歸，不是回國來"發家致富"的海歸。那時的中國人，挺進取的。

其次，在西元前 137 年擴修皇家休閒的"上林苑"底子上（宮殿和圍獵是幌子，圈起幾百平方公里的山川林地草場），組訓皇家騎兵團（羽林軍）。這樣，青年皇帝找到了適性的路，時不時帶上青年將校去上林苑玩戰爭遊戲。

西元前 135 年，竇老太病逝，從此 22 歲的漢武帝"自由發揮"了。這個跟他曾祖劉邦一樣自在自我的皇帝，會怎麼玩轉天下呢？

(1)　開放的朝廷，不拘一格用人才

政權、政治、議政，對武帝或對任何人，當然是嚴肅的事，人頭可以掉地的事。

能夠經營一個相對比較輕鬆、比較幽默的朝廷氣氛，非常不容易。武帝的朝廷，經常嘻嘻哈哈的，近乎戲謔，因為用了**東方朔**為近臣（注意，不是大臣）。平民出身的東方朔是個珍稀動物，有趣的"文人"，他**公車上書**自薦（給皇帝寫信，用了 3000 塊大竹簡，公家派車來搬運。文詞極好，害皇帝讀了兩個月才讀完）。他自己說的："大隱隱於朝"，拿朝廷當作遊戲仁義道德的地方，明哲保身的方式是故意誇張地表達，近乎耍寶，耍得恰到好處，撓的皇帝癢癢的，歡喜到不行，自然地，幾乎不可一日無此君。東方朔時不時半瘋半真地講些對著皇帝幹的重話，比如，反對武帝上林苑的用度，皇帝也不會生氣，依然常讓他陪侍身邊，偶爾也聽從他的意見。東方朔，特立獨行，亦儒亦道，是個瀟灑的智者，武帝懂他，他不懂武帝，武帝是王者，天下門派，都是他的門派，豈止儒、道。

武帝自己頗具文采，又愛玩，經常出外巡遊，讀到**司馬相如**的賦體文（司馬相如就是那個在成都拐了**卓文君**私奔的才子），立刻就派人拉拔進宮來見，相見恨晚。後來，連公文都常見富麗賦體，武帝還首創七言詩格式。。。又根據張騫的資訊，在北印度見過四川出口的"中國製造"產品，推測巴蜀必有通往中亞與印度的途徑，於是，用司馬相如等人經營西南，收服川西、雲南、貴州各個部族，當時雖未直通印度，但知道了川西與羌藏、雲貴間的關係（後世瞭解，中印之間，透過"茶馬古道"流通到藏、印，就是西南絲綢之路）。因為開發西南方，後來由川南兼併**夜郎國**（貴、桂），打通經由貴州到廣東的水陸通道。司馬相如是漢賦典型的文學家。

武帝用人，完全沒有框框，不問出身，不問政見，只看本事，有真本事，他就敢用。文官嘛，什麼出身都有，什麼門派都有，什麼德性都有，大概只要能夠邏輯上自圓其說、建議的事具備真正的可行性，他都敢試用，武帝從未"專用儒家"，什麼家都用。

清寒出身的**主父偃**，大概窮怕了，貪汙受賄，但武帝用他建議的**推恩辦**

法，讓諸侯王分封自己的子弟為侯，大國變小國，小國變小城邦。漢律其實跟秦律一樣嚴厲，權貴經常不小心觸犯，武帝有借機一次裁撤 100 個諸侯的記錄，很快就完成削藩。主父偃還建議，遷徙天下豪強（大地主）到京師之地，分散他們的地方勢力，又主張把新從匈國手中打下來的河套設置郡縣，移民實邊，武帝一次遷徙了十幾萬人口住進河套屯田（武帝時期先後移民實邊達百萬以上），變草原為農田，使匈人永遠失去漠南草原。

主父偃有才幹，個性直率、不做作，但吃相難看，人緣極壞，還專找王侯麻煩（漢的王族親貴，亂倫的案例非常多，或許也是武帝相對需要使用儒家禮教的原因之一），犯眾怒的主父偃最終被彈劾，武帝保他不住，被斬。我們倒說說看，主父偃算儒家還是法家？其實，就是個知識份子嘛，無非當時的中國傳統典籍"知識"，詩經、尚書、易經這些夏商周的遺傳，被"儒家"強姦為"儒家經典"，難道是儒家做的？夏商周時代，還沒有"儒家"這詞呢。

另一個清寒出身的文人**公孫弘**，書本上的學問挺好，這倒是個儒家思想的知識份子。雖然屢屢跟皇帝政見不合，先後派他出使匈汗國、視察西南（調查巴蜀賦役太重的案子），他的報告，都不得要領，還反對河套置郡，但生活簡樸，算是個書呆子、腐儒（有點偽君子），武帝大概用他做個不貪汙的另類樣板。公孫弘 60 歲一升官，立刻把另一個知識份子的大儒**董仲舒**排擠出武帝身邊。武帝就是如此這般使用文人，大概是要臣下感覺"天威不測"。董仲舒的事例，下面再談。

真正比較看重的社稷大臣**汲黯**，近於道家，行事抓大放小，皇帝讓他去調查河內郡民居失火、幾千戶人無家可歸的案子，他拿到符令，路經鬧大饑荒的河南郡（已經到人吃人的地步），趁機開官倉賑災，先斬後奏。讓他去調查閩越、甌越間（閩浙）的摩擦，人剛走到吳境（江蘇），調研報告已經回到朝廷：越人好鬥，不值得皇帝派大臣過問。就這麼個清靜無為、主觀上就不想多事的人，不做作、耿直、有原則、敢直諫，雖然也有論資排輩的毛病，卻是武帝唯一不敢侮慢的朝臣，每次都要端整了儀容了才敢會見汲黯。汲黯有次勸諫武帝少殺大臣，大意說：秦始皇幾乎沒殺過大臣，你一抓到大臣罪過就誅殺，不怕人才越殺越少嗎？武帝笑笑回答：天下人才多的是，就怕君王沒有識拔的眼力而已。

這些人情的案例，在武帝的朝廷裡，可以找到太多人性的數據。

武官也一樣。大將軍**衛青**，是武帝大姐的馬夫，算是奴僕出身，後來大姐守寡，還讓衛青娶自己大姐，馬夫娶公主，他也不以為意。武帝朝廷裡，帶兵的匈人、南越人都有。西元前 123 年，衛青的外甥，17 歲的**霍去病**，私生子出身，初生之犢不畏虎，跟武帝談論匈國事務，邏輯簡單而主動：游牧機動武力，只能以機動武力對付，騎兵戰術對騎兵戰術，他主動打你，防不勝防，你主動打他，他也防不勝防。武帝豁然開悟，立刻就給霍去病帶 800 騎兵上陣，殲滅匈汗國騎兵 2000，於是，漢軍改變戰法。兩年後，霍去病的匈式騎兵，果然打下整個河西走廊，祁連山東側成為中國版圖。

這以後的漢匈戰爭，主要都是騎兵對騎兵了，霍去病的騎兵隊最遠打到千裡外的貝加爾湖，24 歲病死。漢武帝對破格任用的這個年輕將校疼惜有加，曾給霍去病封官晉爵，勸他成家，霍去病卻說：匈奴未滅，何以家為？

"匈奴"這詞，始終就是漢武帝時期開始的、對匈人的蔑稱，跟現代中國人說的，"洋鬼子""日倭"類似。匈語的"匈"（Hun）族，最接近的漢音為"宏"，當時用"匈"字便是要人們聯想"凶"字，跟蠻夷用字類似。讓我們今後直接用"匈汗國""匈人"等詞，而不用"匈奴"這詞。

一句話，漢武帝的朝廷，非常開放。真正無私的人敢於直言，武帝不以為忤；有私心的人建議，武帝也能夠察覺實情，所以，運用自如，因為武帝另外還配備了酷吏與嚴法伺候。

（2） 隨意的生活，花錢不知節制，只好 "與民爭利"

文景留下大量資財，武帝從小生活環境優裕，比曾祖劉邦闊氣得多幾個數量級。但他的主要特點仍然是，我行我素，相當程度憑直覺辦事。

當了皇帝之後，到大姐家玩，看上大姐家的歌女**衛子夫**（就是馬夫衛青的姐姐），當下就上、帶回後宮，然後，忘了。一年後，要遣散後宮，衛子夫出列泣說：願意出宮從良，這又想起來，於是，舊情復熾，再度留在宮裡，直到成為皇后，所生的兒子，成為太子。

生於憂患，死於安樂，人之常情。武帝個人，是最真實的寫照。

武帝一生，窮奢極侈，不知民間疾苦，王權專制的軟體疙瘩，那時就已經露現。劉邦沒犯同樣錯誤，因為不是深宮裡長大的孩子，並且也沒繼承億萬家當。

武帝年紀大了以後，跟秦始皇一樣，生活如此享受，當然眷戀生命，怕死，也開始尋求長生不死，這就讓一些搞仙丹、巫蠱的人鑽了空子。結果，自招騙子。

西元前 91 年，騙子集團竟然陷害、逼反太子。太子被殺，衛皇后自殺。太隨意的武帝的晚年，相當淒慘，人性喪失理智後的黑暗面，表顯無遺。幸好，武帝老爸教他的 **"知人、知己、知機、知止"** 終於起了作用。西元前 89 年，武帝先後看到平民**令狐茂**（年邁的隱士）和官員**田千秋**冒生命危險為太子伸冤的上書，居然可以幡然悔悟，懸崖勒馬，殺掉所有忽悠他的巫師術士，蓋 "思子台"，下**罪己詔**，公開向臣民致歉，並立刻改變政策，回歸漢初的 "休養生息"。但這時候，漢王朝已臨近經濟崩潰、民不聊生的境況。

雖然武帝最終剎了車，那是歷史的偶然，教化，並不能使人人開悟。人類歷史有太多教訓，難得富過三代，因為每一代的環境都起了變化，而習性的養成來自日常生活，中國人老早就認識到，由儉入奢易，由奢入儉難。

文景給漢武留下國庫不少於億萬錢、官倉穀糧不少於全國三年所需、全國馬匹不下百萬、人口約 4 千萬，但至遲西元前 120 年，國庫已經花的一乾二淨。武帝當然會算賬，他試圖增加中央收益，啟用商人出身的**桑弘羊**主持中央財政，先後實行：

① 西元前 117 年起，施行國家資本主義，國家壟斷經營"三業"鹽、鐵、酒，並及均輸、平準。

　實際是政府壟斷大宗物資，進行市場操作，理論上，公家牟利。

　鹽鐵廠，成為國企，生產與銷售，都是國營。酒廠私釀，但國營專賣。均輸、平準，則是管仲平穩糧價的擴大，不僅糧食，這時，所有大宗物資都涵蓋在國營範疇內，理論上，賤買貴賣，政府負責運輸，各地設置的均輸平準機構，成為官商官倒的貿易型國企。

　結果也不難想像，一開始，需要大量投資的高科技行業（比如，煉鐵），政府大賺，很快就成為官吏貪腐的油水，國企官吏除了領受高薪、還趁機勒索民間農工商，國營的鐵飯碗，引致產品品質下降、價格飆升。

② 西元前 115 年，嚴禁私鑄銅錢，國家壟斷貨幣（五銖錢）。

　秦始皇統一貨幣的理念，至此完成。

　理論上，貨幣標準化，有利於工商業，但那時候當然沒有貨幣經濟學，並且，大工商業都國營了，小工商業感受到的好處，比重太低。

③ 西元前 108 年起，對工商業者徵收資產稅或營業稅，算緡、告緡。

算賦，人頭稅這時早已調高回漢初的每人每年 120 錢，即 1
"算"。

對工商業者徵收資產稅：平民車 1 輛徵稅 1 算，商人加倍，
五丈以上舟船也徵稅 1 算。（"算緡"）

"緡"，對商人和放貸吃利息的人，資產每二緡（2000 錢）徵
一算，等於資產稅率 6%。對手工業者，按其製造出的產品價
值徵稅，每銷售 4000 錢（4 緡）徵 1 算，等於營業稅率 3%。

"告緡"，隱瞞不報或呈報不實者，除沒收外，並罰戍邊一年。
有揭發者，獎給所沒收資產的一半。結果，全國掀起告發"資
產階級"的浪潮，歷史記述：中等以上人家，大抵皆破產。大
家都變成無產階級，連小工商業也蕭條了，並且刮起吃喝等浪
費風（資本累積容易招罪，花用掉，反倒省事）。政府則聚斂
了足夠財富來繼續支撐對匈戰爭。

西元前 110 年，這政策停止執行那時，中國社會相當貧困，財富集
中於皇族與官僚集團。權力經濟的特質，非常明顯。所以，政府招
募移民實邊百萬以上，不乏來源：多的是貧民和罪民。

因此，人們實在不必太執著於漢武帝武功的虛榮，都是平民百姓硬扛下
來的果實。反而，他情感面的自然與豁達處、智慧面的知止與真實處，
才是最值得"漢人"驕傲與學習的地方。

(3) 浪漫的征伐，農民居然去草原追逐游牧民

武帝發動了一個人類史上，前無古人、後無來者的壯舉：
農民國家居然想要去征服游牧國家…!!

這裡，發生了人類史上的一件大事：**馬鐙**。

史料記述＋考古證據，使我們確切知道：西元前 300 年左右，"希臘世界"、伊朗世界、印度世界、中亞世界，騎兵都還沒有馬鐙，夾著馬腹騎馬，不好平衡，騎久了很辛苦，經常需要下馬作戰。歐洲人真正見識到鐙在馬上衝鋒陷陣的騎兵，始於西元 550 年左右的**阿瓦爾**人（Avars，蒙古草原上的**柔然後裔**），歐洲人稱馬鐙為 **"中國靴子"**。整個西方考古發掘的馬鐙，都不早於西元 600 年。

西元前 210 年，秦始皇兵馬俑的騎兵，也通通沒鐙。

目前，最早的馬鐙實物發掘於外蒙古的匈汗國時代墓葬，年代是西元 50 年左右。其後的實物馬鐙出現於遼西（赤峰）與南京的墓葬，年代為西元 250-350 年間。

西元前 200 年，劉邦被圍困在白登時，冒頓的匈國騎兵，已經可以鐙在馬上騎射。游牧國家的戰術優勢，真正意義的 "騎射"，應該是劉邦不敢冒險突圍的原因。儘管冒頓騎兵的鐙可能是最簡單的套索，人至少可以用套索站立雙腳而不是費勁用腿腳夾住馬腹，才可空出兩隻手來拉弓射箭，而不是用於駕馭奔馬所需的平衡。匈人的原始 "馬鐙"，很快就被漢人學去、並改進，還是老話：那時候的智人，看到了，應該就學會了。

實際上，傳統中國歷史記述，不重視科技，很晚才提到馬鐙。但，楚漢相爭時期的敘述，似乎已有能夠平穩地衝鋒的騎兵，而沒有馬鐙是不可能來回騎馬砍殺、或在奔馬上轉身拉弓射箭的。鑒於農民國家更不習慣夾著腳騎馬、更需要馬鐙，歐西學者因此認為，真正意義的馬鐙，大約是中國人在漢初的發明，迅速被匈汗國普及到歐亞草原上，此後，游牧國家的戰鬥力如虎添翼，至少加強了一個數量級。

馬鐙被譽為：<u>最簡單、但影響最大的發明</u>。

圖源：維基百科，漢朝。 作者：Kallgan。

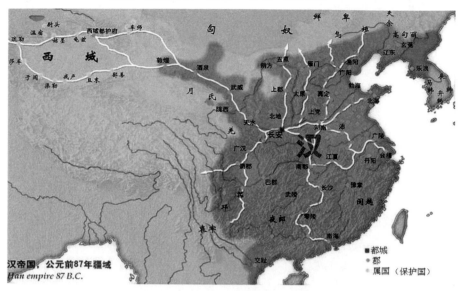

● 表示郡級單位的城池， 白色顯示的道路，是受漢王朝保護的的商路

漢武帝的武功，不過是內長城擴到外長城間的領地（河套與河西四郡，敦煌、酒泉、張掖、武威的絲路通道）。

漢匈間的爭戰，當然沒有因此平息，漢匈鬥爭150年直到武帝晚年，並繼續百年，直到東漢王朝。

右圖源：華夏出版社，漢匈戰爭三百年。 作者：宋超。

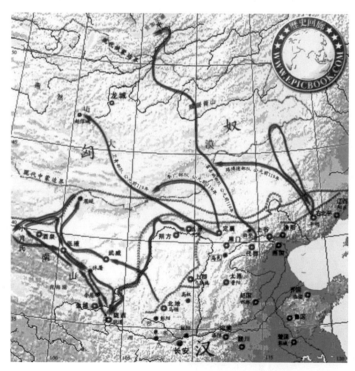

無論如何，馬鐙，無疑是在現今中國的領域內被發明出來的，雖然沒有考古實物來證實究竟是漢、匈的誰發明的。只知道，大約西元前 160 年左右，漢匈雙方都已經鐙在馬上騎射對陣了。那時，漢軍兵力配置，騎兵數量也開始大於步兵數量。

漢王朝當初的"和親"＋納貢，本來就是不平等條約下的結果。農業文明的傲慢與偏見＋屬國的屈辱感（而且還遮遮掩掩的），政治體面，更是對匈戰爭的絕對因素，漢武帝為之執著一生。鐙馬騎兵，人類冷兵器時代的最尖端技術，從一開發出來，便被漢匈兩大國應用。

武帝汉匈战争 43 年間，大小規模戰役不斷。最大的攻勢，發生在西元前 119 年。最後一次攻勢，發生在西元前 90 年，漢遠征大宛（今塔吉克國）的司令官李廣利，因涉及宮廷政變，害怕回國被捕被殺，在匈單于王庭附近投降。67 歲的武帝，就此終止了戰爭行為。這時，漢匈雙方均已精疲力竭。

後來，東漢時，匈汗國覆滅，其中一支西遷，出現**阿提拉**可汗，成為傳奇的**"上帝之鞭"**，使歐洲震恐。草原立刻被其他新興的部族（**鮮卑**）取代，鮮卑後來征服了中國（**拓跋鮮卑的北魏**），被農業文明的生活腐化，放棄草原和草原生活，也變成了農民中國的一部分，然後，自然又有其他游牧部族（**柔然鮮卑**）在草原興起，再來第二次、第三次"上帝之鞭"。。。這是另一個人類歷史的輪迴，直到近代。

最終，漢武帝的成就，不是邁進了草原，而是真正塑造了"中國"。農民軍打贏游牧騎兵也沒用，除非草原可以變成農田，如果可以的話，游牧民自己就耕種去了，還等你來？ 5000 年來，歐亞大草原上，從沒少過人類的定居點，綠洲城邦也多是游牧諸部族群定居的結果。

漢武帝任內：

◆ 完成中央集權，同姓、異性諸侯，王公貴族，只是待遇特優的"上流"階級；

- 對外：歸降的匈族部落，得到漢政府比較好的照顧。武帝還主動 "和親" 烏孫；
- 政府組織農耕技術，因為小農經濟使得農民依然是稅源、兵源、役源；
- 吏治嚴酷，政策高於司法；
- 任用知識份子如奴僕，只看能力（常聽取他們的辯論），不講究門派
- 商人或資產階級，經常成為政府 "吃大戶" 的對象，經濟意識遠低於政治意識；
- 思想、科技、藝術等，相對開放。但，後來，儒家一家獨大。

漢武帝的個人性格 、54 年長期執政、 王權集中、 華北硬軟體占全國 85%比重，他也因此完成了安裝 "中國式" 文明的軟體平臺：

- 社會思想，道家與陰陽五行合流 + 夏商周的祖宗崇拜，取代宗教
- 政治思想，法家與儒家合流， "德主刑輔" ，是王權專制的工具
- 經濟思想，小農經濟， "重農抑商" ，造成大份額的國家資本主義
- 主要矛盾：一方面強調道與德的教化，一方面刺激權與錢（財富）的謀取，這當然是所有人類社會演化的通病，中國文明並非例外，可說是人類軟體的共同矛盾。

但，2000 年前就已經制度化的政經社 "遊戲規則" ，施行於大面積、大人口的中國，同一性的表面下，軟體矛盾的疙瘩，自然演化出許多 "潛規則" 來勉強運行，久而久之，造成中國文明許多不如人意的特性，比如，土地兼併成為基本財富象徵。西方文明，表面長期同一於宗教，也引致同樣效應，唯一的不同，黃金是他們的財富象徵，現代則虛擬化為 "信用" 額度。

漢武帝時代的印記，也反映於他的不拘小節的浪漫。
比如，男女相當平等、甚至女權還稍高一點。
比如，文武並舉，武人因軍功封侯的機會大，刺激男人任俠好義、常常需要 "整頓治安" （所以後來有儒家反對 "輕薄男子" 的說法；輕薄，那時是任俠好鬥的意思）。

又比如，武帝以重賞重罰驅使臣下，大臣的封侯與誅殺，甚至成為“數量級”現象，但刺激了所有人的表現與忠誠，他的大臣的出身，諸子百家、奴隸、降俘、商人…，無所不包。

更比如，對外國人比對本國人更照顧，傳承到現代，就成為崇洋媚外。

從國家機器的角度看，政治上，漢武帝可以說得上是個“大帝”。
中國人的漢式德性，從漢武帝開始，真正有譜。不然幹嘛叫“漢人”。

西元前 111 年，漢武帝滅南越國（這是秦朝 50 萬遠征軍留下來的中原人的廣東國度），設置郡縣，那時候，整個長江以南仍然地廣人稀，可能也就一共 3、5 百萬人吧，兩廣的南越國是最大的、並且早已中華化，約百萬人口。福建（閩越國）、浙南（甌越國），兩個小國，還要打架，武帝乾脆征服福建、將浙南人民北遷到淮河流域，閩浙老百姓，無疑很快漢化。武帝對雲、貴、兩廣的“經營”，是虧本的，不徵稅，還得置郡、駐軍、派官，一度放棄，全力抗匈。但武帝死後，整個中國南方，漸漸成為華人移民開拓的唯一去處，1 千年後，南方的經濟與文化，便超越了北方。

即使從“智人”的角度，這個“人”能夠自己幡然覺悟，理解到自己的作為已經危害到社群，以及那個他努力想傳給自己後代的地盤，並嘗試回復漢初休養生息的政策，這也是很不一般的智慧。而，下罪己詔，自己坦承錯誤，是更大的智慧與勇氣。

劉徹這個人，絕對算得上是非常凸出的人物。

中國人的歷史碰巧連續大半世紀布衣將相的相對合理的統治（其實，不過就是剝削的沒那麼超過），再碰巧傳給了一個相當人性化的、長命的帝王，漢武帝；雖然不知民間疾苦，他個人的自由浪漫（當然，壞的時候，也就是暴戾），造就了那個時代的靈感與戰亂，但他的知止，最終賦予了形成一個文化與認同的軟體所需要的發酵時間。

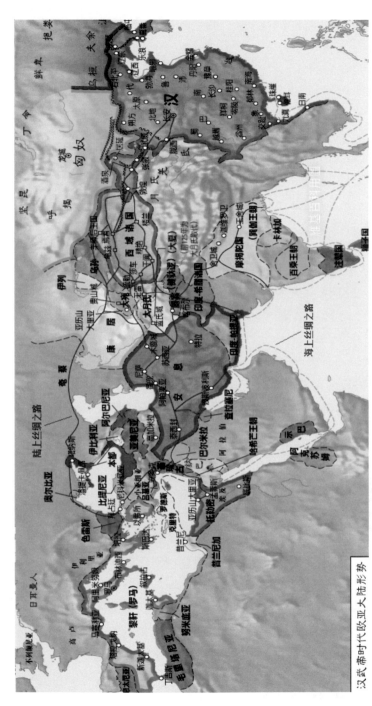

汉武帝时代欧亚大陆形势

出处：维基百科，汉朝。 作者：玖巧仔。

西元前100±50年左右的欧亚世界图例，那时，正当东亚中国的汉王朝全盛时期，西域城邦世界、印度世界的诸国盛行佛教，印度世界则为帕提亚帝国（中国称为"安息国"，是白匈奴人与伊朗人的融合），地中海世界的罗马帝国方兴刚刚成形。由于中文单音单节的特性，到中国传教的佛僧，就以其国名第一个音为姓，比如，安（安息）、康（康居）、丘（电兹）。。。

63

（四） 盛世與輪迴　西元前 74 年-西元 9 年

西元前(74-48)　　**漢宣帝**再現盛世
西元前 48 年-西元 9 年　外戚、宦官與官僚、豪富的統治

國家、王權專制制度，被人類建成社群軟體之後，人群的智慧，一時還未能洞察：其實王族每一代的權力交替，依然有太多不穩定的因素，社會成本依然很高。漢武帝自己的兒子們，原來的太子被武帝自己激起來的巫蠱之亂逼死了，後來，自認為有能力的兒子（燕王），居然給老爸寫信，想做帝位接班人，立刻被武帝削去三個縣的封地。

武帝雖老，並不糊塗，另外兩個從小紈絝到大的兒子，早被他排除在接班名單之外，於是，只剩下最小的兒子，**劉弗陵**，那時只有 6 歲，但有點漢武帝自己小時候的摸樣，便順理成章成為漢帝國的太子。漢武帝為了減少娘家外戚幹政（這是發生在武帝自身的不愉快的經歷），索性殺了太子的母親，並給年少的太子成立了 5 個大臣的輔政小組，還給其中他認為最忠誠的**霍光**送了幅畫，周公背負年少的周成王圖，並告訴霍光，期望霍光成為漢朝廷的周公，不單要輔佐少主治國，還要在劉弗陵長大後，奉還統治權。

歷史的偶然性，再度發生。

霍光是**霍去病**的同父異母弟弟，談不上什麼"出身"。霍去病自己是衛皇后妹妹的私生子，出生那時，衛家（包括衛青）和霍家都不過是公主府裡的低層僕吏。衛家出了皇后之前，霍老爸早已跟衛小姐分手、返鄉成家、生了霍光。等霍去病一戰成名、封侯，得知自己身世，特地在回師途中，去尋親探父，並把年輕的異母弟霍光帶在身邊任用，回到京城後，霍光小心實在地做事，因緣際會，被漢武帝拿去用做貼身侍從。霍去病很年輕就病死，或許是武帝的人情作祟（漢武帝很喜歡霍去病），霍光也的確低調、謹慎、有執行力，就此漸漸成為皇帝的親信大臣。霍光這樣的經歷，自然跟一般權貴豪富是有距離的。

西元前 87 年，武帝死，7 歲的幼子劉弗陵繼位，是為**漢昭帝**。皇帝是小孩子，不消說，政權掌握在輔政 5 大臣手中，**霍光、上官桀、桑羊弘、田千秋、金日磾**。漢武帝臨終指定的這 5 個輔佐幼主的近臣，當然很親信，但都出身一般，上官桀是皇家馬廄的主管，桑羊弘則是商人世家的算術奇葩、漢武帝用他主管皇家與政府財務，田千秋是皇家陵園的主管文官，金日磾（匈王族之後）則是皇帝的侍從馬夫。金日磾第二年病死，輔政 5 人組變成 4 人組，主要在霍光主持下，忠實地執行武帝既定政策，與民休養生息。

但是，桑羊弘主持的經濟政策，國家資本主義，原本是為漢武帝的漢匈戰爭服務的。原始的國家資本主義下的眾多國企，人性自私下的運作，不可避免地淪為官僚、富商的利基，這就跟向後轉的政策矛盾了。於是，西元前 81 年，霍光召集漢帝國內的學者等 "賢良" 到京城開 **"鹽鐵會議"**，討論國家經濟政策，桑羊弘與田千秋成為工商國企壟斷或開放的主辯雙方，這個破天荒的會議留下著名的 **"鹽鐵論"**，被後世儒家美化成 "回歸重農抑商" 的思想。實際上，霍、桑的確有政見上的差異，儘管不排除霍光有獨攬政權的私心的可能，但就事論事，霍光也的確近於更忠實地執行既定國策。鹽鐵會議後，漢昭帝下令廢除國家壟斷三業（鹽、鐵、均輸），實質上解除了官僚與富豪對工商業的壟斷，漢帝國內的小工商業（許多是農民的副業）重新復甦。

商人出身的桑羊弘，其實，本人早已成為上層官僚的一部分，他大概沒完全意識到，國家資本主義，實質上是反小商、扶大商、對社會有害的，尤其是在當時的官僚系統管治下，國家雖然賺了點錢，各級官僚集團仍是最大的獲益者與剝削者。桑羊弘只是忠實地盡他 "專業" 份內的事，為政府與皇家搞錢罷了，桑羊弘其實不像個 "政客"。

這時，霍光的兒女親家，上官桀，又出現人性貪私到失去理智的情況，他想透過跟霍光的關係，擴張自己的權勢，被霍光拒絕幾次後，居然聯合一心想做皇帝的皇兄燕王、以及皇姐公主、失勢的桑羊弘、不滿的權貴等，搞陰謀政變。這些人不斷給漢昭帝直接寫信，要求撤換霍光，並誣告霍光謀反。不知道是不是漢武帝的眼光獨到，15歲的漢昭帝竟跟武帝一樣英明，看穿了上官等人的把戲，下令禁止再胡說八道，皇帝告訴群臣：霍光如果要造反，隨時可以反，哪用得著那麼費勁？

於是，上官桀、皇兄、皇姐一幫人乾脆造反。這段歷史，比小說情節更戲劇化，竟然真的發生過。總之，誘殺漢昭帝的造反計畫被司馬遷的女婿楊敞知道了，立即通知霍光和皇帝。皇帝年輕、但很老練，告訴霍光：燕王發兵到京城，走也得十天才到，你立刻先下手為強吧。。。也容不得霍光遲疑，西元前80年，皇家侍衛軍迅速收拾了上官桀一夥人，上官桀、桑羊弘兩家人滅族，燕王、公主自殺，結束這場算是擴大化的宮廷政變。結果，霍光真正大權獨攬。另一場好戲開鑼。

漢昭帝身子骨並不應硬朗，21歲就病死，沒有後嗣。但，昭帝一生，信、用霍光，霍光的確也忠實執行休養生息的既定國策，漢國力漸漸恢復。

西元前74年，昭帝死後，霍光、田千秋兩位輔政大臣，主要是霍光，迎立漢武帝一個19歲的孫子，此人極端不稱頭，一路荒淫來京城"就職"。大概，人類所有沒腦袋的暴發戶，都是這般德性，天上掉下大餅，立刻忘了自己幾兩？一看苗頭不對，霍光立刻訴諸群臣公議，把此人的帝位廢了，創造了中國最短的當皇帝的記錄：前後27天。

霍、田改立漢武帝的曾孫，17歲的**劉病己**，就是**漢宣帝**。
這個歷史的偶然，或許沒那麼偶然。先講點"淵源"：
劉病己的祖父，就是原來被漢武帝逼死的太子，可憐的太子全家都死於巫蠱之亂，只有劉病己存活，只因那時他是個剛出生不久的嬰兒，辦事的官吏，**邴吉**，憐憫無辜的嬰孩，把他帶到牢獄裡，自己出錢，交給兩個老實的女囚哺育。後來因為**田千秋**的奏摺，漢武帝頓悟、下罪己詔、提拔田千秋到中央政府做外交部長。武帝老病時，望氣者（另類的卜者）言：皇家監牢出天子氣，武帝當晚派使者通知牢頭：把囚徒全殺了，不料，邴吉宣稱：皇曾孫在此，堅決不讓使者進門。相持到天亮，使者只好回去向皇帝告狀，武帝方才知道曾孫劉病已就關在那裡，感嘆"天意"之餘、下令大赦天下，並派人接曾孫出監牢，安置在掖庭（相當於宮廷後院的"宗人府"）裡，4 歲的小孩交給外婆撫養。掖庭令（主管），又正好是原太子的部下，對劉病已很好，甚至自掏腰包供他讀書。

在這樣環境下成長的劉病已，非常特殊，他並不在乎宗室的地位，整天喜歡在社會裡"自由行"，並且娶了掖庭令很一般的屬官的女兒為妻（許皇后）。劉病已能夠經常在外遊歷，這件事本身，就顯出他的本事：深深體會"吏治"與"民情"，才可能從容遊走江湖。

歷史記述說他渾身長毛，連腳底都有；又說他，走到哪裡、哪裡旺，神叨叨地。

我們無從知道，霍光怎麼會選中劉病已當皇帝？田千秋的部分，興許就是"淵源"。田對皇家最大的貢獻，便是讓漢武帝恢復人世的親情，人情來說，於公於私，他很難避免"劉病已情結"，絕不會反對漢宣帝接班。

霍光的部分，複雜些。這時，霍光已經掌權 13 年，霍家子弟已經是京城權貴最大一族。不知道霍光本人的心態到底如何，絕不能排除因為劉病已是劉家最平民化、最沒政治人脈的皇位候選人的因素，對他繼續操控政權有利。何況，皇位回歸到他主子漢武帝的嫡系血脈，任何人也無可非議他對皇家的忠心。數據只是，邴吉向霍光推薦劉病已的說法：有資質而性情平和。

於是，西元前 74 年 8 月，漢朝又一個"平民皇帝"，漢宣帝即位。

漢宣帝即位第二年，霍光要歸政，但漢宣帝大腦非常清醒，堅持霍光繼續當權。於公，社會仍需休養生息，於私，宣帝甚至都還未能熟悉掌握宮廷與政府。

就這樣，霍光繼續執政，直至西元前 68 年病死，共掌權 19 年。漢宣帝給他辦了個極其風光的葬禮。但，霍光生前，大概沒少內心的掙扎，因為他的老婆，那時節就已經露出人性貪私的一面：把女兒嫁給皇帝為妃，為讓女兒成為皇后，霍太太早已私通宮女，毒殺了宣帝的平民老婆許皇后。無法猜測霍光生前知不知情？

天下沒有不透風的牆，霍光一死，許皇后之死的實情，很快便洩露出來。霍家一門鋌而走險，叛亂；皇帝立刻為皇后復仇，撲滅霍家。至此，漢宣帝方才親政。後來，有個宮女上書說：對皇帝小時候有哺育之恩，問**邴吉**就知道了。。。

宣帝問邴吉，回答：這個宮女，因服伺皇曾孫不盡心，還被我懲罰過，哪來功勞？真有哺育之恩的是某某兩女（當年的女囚）。宣帝一調查，這才知道邴吉不但救過、還養過自己，而邴吉從來不說，宣帝是老江湖，內心的感動與感慨，可想而知。後來，邴吉成為漢宣帝的丞相，邴吉是個小吏出身而自學成才的、相當大氣、有原則、有高度的智人。

西漢歷史，耐人尋味。光是各種人性的演示，就有夠多的啟發。
漢宣帝的智慧，絕不在漢武帝或漢高祖（劉邦）之下：

首先，洞察人情，權字當頭還能忍讓霍光，成就霍光一生“與民休息”的功業，霍光因此成為西漢史上最成功的“政治家”。霍太太和兒子們的貪私與眷戀富貴，也不能掩蓋霍光的成就，畢竟漢武帝的功業，需要霍光嚴格遵行他的旨意 20 年，西漢得以維續下去，傳統中國歷史才沒有將漢武帝比擬為另一個秦始皇。霍光治國的人格，夠“公”（忠於皇家），漢宣帝也因此脫穎而出。至於他沒能“治家”，霍家滅族，也只是讓人感嘆：人性，畢竟是有機的，霍光畢竟不是超人或完人。

其次，非常理智，宣帝對霍家，當然有芥蒂，但沒有因為情感上的壓抑，而影響他對社會和國情的準確判斷，堅持了“與民休息”的國策。

漢宣帝，不但不多事（少打仗），而且大幅度整頓吏治（對官僚集團嚴酷）、建立更有效率的中央政府（比如，吏戶禮兵刑工 6 大部門的雛形，比如，不依賴中央辦公廳的幾個秘書、更多依賴丞相與幕僚的體制辦事）。西漢社會因此又修養了 20 年，昭宣前後共 40 年，漢宣帝死時，中國人口已約 5000 萬，糧價一度創下兩漢最低，每石 5 錢。至此，西漢王朝達到"富強"巔峰。

昭宣之治的成績，甚至超越文景之治。

宣帝知人、用人之明，很人性化，也許是人類史上最好的統治者之一：

① 整頓吏治，無非嚴格執法，賞罰分明，誅殺貪腐，使官僚集團沒太存非份之想，自然湧現一批因奉公守法、執行力強、或學問好，而升遷的良吏。宣帝治下的官僚統治集團，好官的比率相當高。

② 嚴選並延長地方大員的任期，甚至可以終身治理地方，明確他們的職責是協助皇帝管治、教化百姓，以政績進行額外的獎賞（虛的名爵+實的錢財）。因為任期長，地方大員以及下層吏民，很快明白，忽悠欺罔沒有用，上下溝通反而更近於捕捉到了社會的具體實況。做官撈錢、小吏嚴苛擾民的案例，都大幅度減少。

③ 盡可能降低貧富懸殊，除了給平民減稅之外，三番兩次將能夠放款百萬錢生利息的豪富，遷徙到京城附近，沒收其土地，分配給貧農耕種。又很務實地評估徭役效果，廢止不合經濟規律辦事的教條，比如，那時的陝西關中地區，農業生產並不差，從豫魯等"關東"地區漕運徵收的糧賦到京城，年年要用上 6 萬人次徭役，既勞民、成本高（老百姓的時間與花銷）、又沒效率，就改成從京城附近購買糧食，一下就汰省大半漕役。更比如，下詔降低鹽價，實際等於減少剝削。

④ 派真正的農業專家巡迴全國，指導、改進農業生產。

⑤ 因為自己坐過牢，深惡痛絕獄政不平，不但設立中央的司法復審制度（4 位 "廷尉平（評）"，查核 "廷尉"（法官）的刑獄案子是否公平），並且設立中央的司法人員檢查制度，派員（以通曉法律的 "治御史"，審核廷尉是否合理或濫權）巡視全國，監察濫用刑罰的官吏。司法軟體，大大改善。

⑥ 漢宣帝跟許皇后感情很好，立了他們在民間生的兒子為太子，**劉奭**（後來繼位為**漢元帝**）。但劉奭 "柔仁好儒"，曾建議老爸 "宜用儒生"，歷史記述了宣帝教訓太子的情形：

　"漢家自有制度，本以霸王道雜之，奈何純任德教，用周政乎！且俗儒不達時宜，好是古非今，使人眩於名實，不知所守，何足委任！"，乃嘆曰："亂我家者，太子也！"

意思是，漢王朝本來自有一套霸道（法家）、王道（儒家）並用的制度，一般知識份子，連社會國家的真實情況都搞不清楚，怎麼能用？漢王朝只怕要被你鬧亂套了。

既然料到劉奭會敗亂漢家，理智上，漢宣帝是想過廢掉太子，改立另一個兒子的。但，太子，是宣帝跟許皇后唯一的情結，許家也一直是他感情上與當政初期的支柱，人情，使宣帝始終不忍換掉接班人。

歷史的偶然，畢竟是人性的必然，盛世與衰敗的輪迴，就這樣發生了。。

實際上，漢宣帝一生的作為，確實修補了漢的國家機器軟體與硬體，改善了經濟與民生，抑制了富豪與強權的土地兼併勢頭，拓寬了知識份子的出路，延長了漢王朝的政治生命。

從作為的難度看，他其實也有資格被稱為 "大帝"。

當然，實在地說，做夢也沒想到會當皇帝的漢宣帝，在兩千多年前那時光，除了國家機器，他也看不到人類社會軟體的圈套，他的善政，自然也不是嶄新的制度軟體設計（所以，也不可能百分之百地執行到位，欠缺可持續性）。

但，行政目標能夠落實到人民與公平，已經非常非常了不起！！

至於漢宣帝任內的**文治、武功**，總結3項：

① 對匈汗國採取攻勢，西元前72年（那時，其實還是霍光主政，應該是整個漢王朝統治集團的集體意志）發動了整個漢匈戰爭最大的漢軍攻勢，16萬漢騎兵，聯合烏孫的5萬騎兵，從匈汗國東西兩邊一起攻擊。匈軍西撤避開東線的漢軍，被西線的烏孫軍大敗。第二年冬天，匈軍進攻烏孫報復，但遇到數百年一遇的特大雪災，大約只有10%生還，烏孫等西域聯軍又趁機進擊匈汗國，估計匈人損失達30%、牲畜損失達50%，匈汗國從此一蹶不振。

西元前60年，匈汗國分裂，五單于爭位，在西域地盤裡的一個單于與新任的大單于不和，率數萬人投降漢帝國，宣帝令龜茲等國發兵5萬，護送降眾到長安，歸降的單于被封為侯爵。同年，正式設立"西域都護府"，**鄭吉**出任首長，築烏磊城（新疆輪台），屯兵，西域諸國納入漢勢力範圍。

後來，五單于演變成三單于，匈汗國分裂、內戰。西元前51年，匈國南部地盤與中國接壤的三單于之一的**呼韓邪單于**到長安議和，接受臣屬於漢帝國的條件，以取得漢王朝的支持，來對抗其他單于。至此，劉邦在白登之圍後，170年來的漢匈關係逆轉，漢早先是匈的屬國，漢宣帝這時讓匈國之一成了漢的屬國。漢匈鬥爭，至此成為漢與北部匈國的鬥爭。後來呼韓邪打敗其他單于，三單于之一的<u>**郅支單于**</u>西遷中亞**康居**（今吉爾吉斯附近）。草原寬闊，南北匈國，隱然成形。

② 當漢匈戰爭還在繼續的時候，甘肅河西走廊的左翼，青海高原上游牧的羌族群各部，夾在漢匈兩大國之間，有聯漢對匈的（義渠等部），

也有聯匈對漢的，更有隨時投機的（先零等部），政治局面，相當錯綜複雜。

西元前 63 年，先零羌族召集羌各部首領達 200 多人聚會、立盟、"解仇交質"（互相和解、交換人質），準備聯合對漢。西元前 61 年，漢派特使到青海，召集先零部落頭領 30 多人會談，但卻把他們殺了，等於把人騙來再殺，毫無信義，並且趁勢進攻先零，又殺了 1000 多人。典型的官逼民反。於是連原本親漢的羌部落也反叛，進攻漢在青海的邊城，殺掉漢官，漢特使的 3000 騎兵，幾乎滅頂。

消息傳到長安，宣帝啟用武帝晚期的對匈戰爭的英雄，70 歲的老將**趙充國**，主持羌事。問趙：打算怎麼辦？帶多少兵去？趙答：我自己先去視察再說，軍事行動，不親臨前線，哪能憑空做出計畫。於是，趙充國到金城（蘭州附近）前線視察，回長安後，向宣帝詳細報告，重點：以兵屯田（這仗的後勤不得了）＋ 必須鬆動羌部落的聯盟。

皇帝認可後，問趙：派誰帶兵去合適？趙答：就我老人家去最合適，您給任務就行啦，其他不必太擔憂。皇帝笑著定案。

宣帝用人，還真有一套，實在。

趙充國只要了萬把騎兵，胸有成竹，回到前線，步步為營，渡過黃河。深諳游牧部落機動戰法的趙充國，策略其實很簡單：戰役上重視情報，偵察兵的搜索範圍放得很遠，盡量確定敵兵動靜虛實，並且不打沒把握的仗，經常固守營壘（所以，很少損失士兵）。政治上，集中打擊先零部落（羌叛之首），招降其他羌部族，嚴肅軍紀，做到草木不擾，恢復漢的誠信。

為了貫徹策略，即使宣帝偶爾聽從其他將領的遠征計畫，指令趙充國配合，趙紋風不動，皇帝遣使斥責，趙上書皇帝，來回痛陳利害，

宣帝方才明白實況，取消了長途遠征的餿主意。

很快,一年多,趙充國的誠信策略生效,各部羌人,大量歸降,青海漸次平定,趙幾乎帶原班人馬回到京城。後來,趙充國試圖阻止一個愛喝酒的部下升遷為特使,認為派酒徒去跟羌族混,只會壞事。果然,此人混了一下,諸羌又叛亂,趙的智慧就越發受到朝廷的尊重。

可以這樣說:漢匈戰爭,費了漢王朝 170 年,以及漢匈雙方無數生命、財產,沒完沒了。漢羌戰事,只花了 2 年,暫時平息,雙方損失相對很少,青海基本是漢治下的漢羌和平共存,雖然羌族群的人口和地域,沒蒙古草原大,依然很能說明狀況:暴力不是解決問題的唯一方式。趙充國死時,連漢宣帝都認為趙充國的武功,跟霍光的文功一樣偉大,皇宮裡,為趙、霍兩人畫了肖像。。。漢宣帝,算個明白人。

③ 文治方面,宣帝幹了 2 件影響後世的事:

◆ 大約西元前 60 年左右,司馬遷外孫,<u>楊惲</u>,把家藏的史記原版獻給漢廷,據說漢宣帝讀後大為讚賞,從此,史記得以正式流傳。

歷史記述,楊惲有才,桀驁不馴,人不小氣,喜歡結交菁英,但也愛發人陰私,因此得罪許多人,不止得罪,還害了人,因為漢律雖較秦律稍輕,仍然屬於 "嚴刑峻法"。後來,楊惲被 "友人"告發他平日常拿皇帝開玩笑,下獄、罷官、失爵(沒砍頭,算是很輕的懲罰),依然故我,經常為反對而反對,惹許多不必要的文章是非。之後,居然有人將西元前 54 年發生日蝕的責任歸咎於楊惲 "不知悔改"。

災異,被搞成 "天意反映民意",是漢武帝時期,董仲舒與陰陽五行結合的結果(後來更變形為 "讖緯" 預言之術,流行直到現在),原本有點把災異附會成政治措施的結果、以進行諫議的意思(邏輯是,天人合一嘛,人道的好壞,天道也會反映出來),最終成為被濫用的另類 "神權"、互相攻擊時最方便的利器,因為可以揣摩上頭的意思,隨意發揮。

於是，楊惲再次被捕，搜出他寫的信件"報孫會宗書"，文辭上上乘，但文意刻薄怨懟，充斥憤懣。宣帝讀後大怒，廷尉按律判決、腰斬楊惲，並連累孫會宗等眾多官吏。這是中國文字大獄的先例，牽連甚廣，那時宣帝統治的漢帝國已經極盛，自信滿滿、漸失包容，楊惲性格有點偏激，也罪不至死，縱使漢律嚴酷，王權專制的毛病，這事也應該看得出端倪了。

從歷史記述的事實來看，漢武到漢宣，文化是有所發展，但知識份子也更功利化，人類的"知識"，直到現在，依然未能完全獨立，即使"科學"或"歷史"，仍然大量附庸於政權或金權，知識與 "人性"，都是人為的嘛。

漢宣帝流傳了司馬遷的**史記**（史記是中國比較客觀的歷史記述），殺了楊惲，有功於文化，有過於正確對待知識份子。

◆ 西元前 51 年，召集全國知識份子在皇家圖書館舉行經學會議，釐清中國傳統典籍"五經"的眾多版本問題，選定了一些民間版本也進入官學範疇，也就統一了中國傳統學問與思想的框框，畢竟留傳下來的古老典籍無非詩、書、易、禮、春秋等。宣帝此舉，對儒家有利，因為這些傳統典籍都號稱是"儒家經典"，應該是王權專制看到把中國文化簡約為"儒"的好處，至此，春秋戰國諸子百家，除了道家、法家，漸漸失傳。

漢宣帝沒料到，他雖然教訓太子："不能只用儒家治國"，但皇家只召開五經會議，沒召開諸子百家會議，傳達的信號是，儒術為主流。因此，所謂"霸王道雜之"的漢家制度，迅速破功，僅只被歷代統治者理解為，臺面上滿嘴仁義道德，骨子裡只講權術、不講原則。

中國式文明，從此加速表面"儒化"。

西元前 48 年，漢宣帝死，太子**劉奭**繼位，即**漢元帝**。

漢代自平民皇帝劉邦打下天下之後，小農意識下的統治軟體，始終脫不開重用"自家人"的心理，原因很原始，皇帝也是人嘛，人情，使得歷代帝王從小長大最熟悉、最信得過的，無非媽媽、娘家的親戚、宦官等一小圈子人。劉邦自己，文、景、武，都重用外戚，皇后（老婆）、皇太后(老媽)、太皇太后（老奶奶）的權威都不容忽視，娘家親戚的顯貴職權相當大。原因很簡單，王權專制下，能接近權力核心，才可操弄政治。外戚，至少表面上，對權力的世代交替，沒有明顯的威脅，比皇族近親還更具優勢。

宣帝，也不例外。他給漢元帝指定的輔政大臣 3 人，首輔是外戚，另 2人是太子的師傅。但劉奭天生是個文人，寫的一手好字、彈的一手好琴，既然"柔仁好儒"，說白了，生性文弱，身體也不好，20 來歲就不大想操勞政治、40 歲已經掉髮落齒。繼位後，朝政大多聽師傅的，師傅**蕭望之**是當代大儒，學問品格俱佳，很理想化，脫離現實，認為只要政治上層人物中規中矩、為民表率，社會自然就會教化得好。於是，皇帝與大臣大力提倡教育，激增學校和教授名額，確實普及了文教。

從此，讀書、"明經"（通曉經典）就可做官。人情對這種刺激的反應卻是，讀書可以做官（而且就那麼幾本死書），太划算了，以軍功謀取功名還得冒險、拼命沙場嘛。於是，讀書，就為了做官。。。文官多了，官場風氣顯著改變，表面上很有文化、很文明，但文官集團自己訂定做官的遊戲規則（包括讀什麼書、怎麼解釋、考選標準等等），自成一個封閉體系，距離社會越來越遠。中國的官僚統治集團，從此被逐漸改造成了"**士**"與"**吏**"兩類資歷，今天人們熟悉的中國式文明的政治體制裡，**文官體系**的軟體部分，漢元帝與蕭望之，其實是第一版的設計者，連寫公文都常要引經據典。經典本身，是前人留下來的智慧故事，從前人的經驗裡，找出社會運作的邏輯，這當然是好事。但是，經典格式化、又成為功名的途徑，問題就大了。

前人面對的生存環境，肯定與後人不同，前人的智慧絕對有很高的參考價值，不過，後人必須找出自己的解，畢竟前後時間的境況是不一樣的。

不爽的外戚"首"輔，立刻勾結宦官，弄權，一年後就搞倒了蕭望之。皇帝夾在外戚、儒臣、宦官三派之間，居然認為：宦官無家室、後代，必定是忠心的…，選擇依賴宦官！！蕭望之被宦官逼迫自殺，其他大臣（包括宗室大儒**劉向**）罷官，輔政大臣只剩外戚。皇帝對師傅之死，倒真的很難過，但除了年年表示一下，依然跟宦官混。（君王如此"親師"，倒真的成為社會表率，"老師"的社會地位大大提高）

這就是漢元帝的智商，以及，歷史的偶然。也是王權專制下的歷史的必然，既存在出現**文、景、武、宣**的盛世概率，當然也存在出現**元、成、哀、平**衰亡的概率，遲早要出現的。

西元前 36 年，中亞地區的北匈國<u>郅支單于</u>，怨恨漢王朝支持南匈國呼韓邪單于，自認距離漢帝國遙遠，殺了漢使，並聯合康居國反漢，被駐紮西域的漢將**陳湯**聯合西域諸國部隊平滅。得知<u>郅支</u>被斬殺，呼韓邪且喜且懼，西元前 33 年，他第三次到長安，求親，漢元帝以宮女**王昭君**嫁之，就是有名的**昭君出塞**故事。但匈國也再沒能統一，<u>郅支</u>雖然被殺，漠北草原的權力真空，自然會有游牧諸部遞補，不是漢帝國可以掌控的。

這時，漢武與漢宣都沒能抑制住的貧富懸殊、豪強土地兼併，早已如脫韁野馬了。"統治"的遊戲規則，已經變形。王權專制，固然握有軍警政法，可以對社會實施暴力統治（刑罰），而權貴畢竟人數不多。但官僚豪富，整個集團，人數眾多，透過兼併土地，金權無形，卻真正對社會施行最無情的剝削，並且是如影隨形、無所不在的（老百姓面對的，不是"天高皇帝遠"的狀態，是隨時存在的現官現管狀態）。

西元前 33 年，漢元帝死後，太子劉驁繼位，是個酒色皇帝（**成**），一生縱欲至死（西元前 7 年），政權旁落皇太后王氏外戚一家。劉驁沒有子嗣，外戚集團迎立一個搞同性戀的皇帝（"斷袖之癖"的**哀**，），死於西元前 1 年，也沒子嗣，外戚集團於是乾脆迎立一個孩兒皇帝（**平**）。這時，外戚集團裡的**王莽**，已經大權在握。王莽實際從此掌權，直到西元 8 年正式廢掉劉姓皇帝（**平**沒長大就死了，之後，還有個嬰兒"皇帝"），自己即位，西漢王朝結束。

稱為"西漢"的原因，跟周代的"西周"一樣，後來的繼承者將都城東遷到洛陽，於是漢代就區分為西、東漢了。

從西元前 33 年到西元 8 年，41 年間，漢王朝的政治，沒啥值得說的。總之，宮廷裡，外戚、宦官、權臣結成黨派，打打殺殺奪權，宮廷外，官僚豪強自理地方，等於全國長期放假，各玩各的。。。

讓我們說完東漢王朝的故事，再回頭總結整個漢代吧。這裡，先插進兩件跟漢代關聯的事：

（1）關於"**華人**"（或"**漢人**"）的認同

認同，是很有趣的大腦活動。人類的適存，靠集群，所以人們演化出情性和理性，社群的認同，便是情性開發出來的眾多情感之一。跟族群標籤相關的"民族主義"，則是 19 世紀之後的現代政治話語：西方的"民族"一詞，nation，也是"國家"的意思，這裡，有很大的忽悠性，因為近代的國家機器遠比從前更具威力，"國家"或政府，透過科技與組織管理的力道，可以輕易把國境內的人教化到完全齊一化的地步。近代的"民族主義"，還有多少自然的成份？實際，遠不如譯成"國家主義"，更為貼切。今天的"國家"，幾乎都是多元民族的組成，但標籤卻單一化為"英國人""美國人""中國人"等等，國家標籤一定程度混淆了"民族性"。

在 2100 年前的東亞中國，漢王朝統治了長城以南的廣袤區域，匈汗國統治了長城以北的浩瀚草原。漢匈是那時候東亞的兩個霸主，漢匈各自的政治實體都延綿存在超過 400 年，跟他們接壤、有所接觸的“外國人”，主要是伊朗-印度語系各族群的人們（文化底子主要包含伊朗的兩河流域、以及印度元素），他們形容漢國或匈國，自然會簡化為“漢人”或“匈人”的國度。其實，從古至今，國家的元件，血緣與文化，都是多元的，人們“認同”的標籤，社群情感，是最主要因素。當然，人的感情很複雜，並且是時間可以培養出來的，充分證明：習性是透過不斷的重複、模仿、學習，使人腦形成情或理的聯結的。

以匈人為例，匈汗國，本來就是游牧族群的聯盟國家，所以“白匈奴人”（歷史上的“嚈達”，是匈化的白種游牧民），以及匈國裡的眾多不同語言的部落，當時也都認同是“匈人”。政治體制，政令長期實施，自然可以塑造出一個相對穩定的社會軟體，包括文化與“認同”。時間，教化，同一性，是主要因素，血緣比較無所謂，反正都是智人後裔。

東漢時期，匈汗國崩解後，匈國不復存在。攜帶匈文化元素的其他游牧部族陸續崛起，包括鮮卑、柔然、突厥、蒙古，各自起用不同的國家名號，甚至，許多崛起的草原部落，以酋長名字命名，形成不同的認同標籤。這些草原國家雖然都具備許多雷同的匈文化元素，他們的認同，卻不再是“匈人”了。草原上的“認同”標籤，政治力是重大因素。蒙古人，會認同於“成吉思汗”或“蒙古”，但絕少會認同於“匈”，實際，蒙古，這個詞，是成吉思汗的最愛（雖然不是他創造的詞，但，是他選擇的國家與民族的稱號）。而無論名稱怎麼變化，從匈到突厥、契丹、蒙古，草原部族的游牧文化，基本上大同小異。

“漢人”跟“匈人”情況的不同，在於漢初奠定的教化平臺，非常穩固，兩千多年來持續釀造出來的“華人”，內容和標籤都沒變，成為定居農耕的中國人認同的最大因素，“漢人”的標籤便稍微超越了政治話語，認同成為更具體的文化話語，雖然 "漢" 文化後來一直不斷吸收其他族群的文化元素。

就人類演化途徑而言，"民族" 的認同，包括部落、族群、社會，在現代國家機器強有力的操作下，出現簡單化的趨勢，比如，英國人、美國人、日本人、中國人等等純政治話語，反映了當下人類世界裡的國家（"民族"）壁壘。實際，智人的族群認同，自有環境與生存方式的長期影響，過多的人為與暴力下的齊一化，未必增強人類物種的生存適應性，反而應該在教化上，減少宣導暴力、增進包容與欣賞，保存各種文化的多樣性。比如，歐亞草原的游牧部族，匈汗國奠定的文化迄今剩下泛蒙古與泛突厥兩支認同，儘管他們各自認同為大蒙古或大突厥之下的各個部落，適存於各自環境與歷史的淵源，成吉思汗式或帖木兒汗式的政治話語恐怕再也不會出現，現代科技使得游牧草原唯一的現實政治便是：和平共存。

理性地說，現代的民族主義話語，僅只是幾千年來人類對國家機器的崇拜的延續，訴諸族群情感的骨子裡，仍然是人性暴力的陰暗面作祟，國家嘛，不是多數的暴力，便是少數的暴力。人類族群的認同其實應該回歸文化面、並祛暴，如果漢人也致力於漢文化的祛暴與包容，或許比較 "文" 的漢文化最終可以提供人類另一個例子，更接近智人一家、和而不同的例子。

（2）關於**羅馬帝國**，這個跟漢王朝平行發展的西方世界的帝國

就在漢宣帝達到西漢盛世的時候，西元前 48 年，義大利攻打今天的英、法、德等（日爾曼諸部）的遠征軍司令官，**凱撒**，回師京城羅馬，開始獨裁專制，使羅馬也演化出一個類似東亞漢帝國的龐大國家機器：羅馬帝國。羅馬帝國，對西歐文明的影響，也跟漢帝國對東亞文明的影響似的，同樣深遠。

組成羅馬帝國的成分，跟組成漢帝國的成分，大不相同。國家機器的軟體，因此也大不相同。東西方的管治方式迥異。

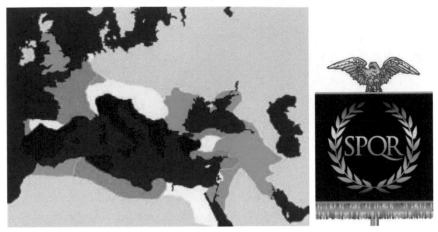

羅馬帝國版圖的變遷 ▮前133年 ▮前44年 ▮14年 ▮117年　　羅馬帝國旗徽
圖源：維基百科，羅馬帝國。作者：Quadell

羅馬原本只是西方古文明、環地中海世界裡的一個城邦國，這個城邦國的管治軟體，是個城市民“集體所有”下的少數菁英掌權，叫做“元老院”，類似今天的議會。要當羅馬的元老，必須是羅馬的“公民”，公民權的取得，除了必須是自由民之外，還得擁有一定的資產或軍功。元老，未必世襲，但權貴家族的勢力（權與錢），使得大多數元老形同世襲。本質上，城邦國家機器，仍然是個暴力掠奪的機器，羅馬人，無非是分贓的人、有話語權的“公民”。

環地中海世界，城邦國家眾多，當然也有大一點的國家（比如，埃及），人們的生活方式、文化、族群、語言，非常多樣。農業，是必不可少的，依賴牧業和手工業的城邦更多，商業交易，是環地中海世界的必須。因此，羅馬帝國的組成，一開始，便是多元族群、多元語言、多元文化的混合體。管治軟體，唯有靠一部能夠確實施行的“法律”，白紙黑字的條文、規矩，儘管立法雖然是統治者的權力，羅馬人當然會按自己的習性來定規矩，但也不可能完全忽視被統治族群的習性，羅馬法，因此有點“最大公約數”的味道。

羅馬帝國的國力，商業交易和征服掠奪是大項。那時，東西文明的差異，就已經相當明顯。但虛偽的政治面子，倒十分相像：凱撒，從未登上"帝位"，羅馬帝國的正式名稱始終是"元老院與羅馬公民"（SPQR，見下圖右），西元前48年起，這已經是不折不扣的"帝國"，凱撒也是個"大帝"。並且，對周邊日爾曼等諸部落，也蔑稱之為"蠻夷"，結果，跟漢帝國結局相同，最後也來個"五蠻亂歐"。

因為沒有中國似的大河與氣候，生存方式的根底不盡在於農業，羅馬帝國治下的地理生態和人民，農民並非多數，游牧民、半農半牧民、騎馬的、騎駱駝的、工匠、交易為生的商人、海員等等，獨特的謀生專業的部族很多。大體，羅馬帝國的士兵（早期以義大利人為主），步兵方陣仍是主力，但機動的騎兵與海軍更為重要。資訊的傳遞，不止跟中國一樣，老早就建立驛站和馬路，但帆船和專業水手，也不可或缺。歷史的偶然性，再次表顯於凱撒創建的羅馬帝國，凱撒沒有子嗣，西元前44年，他在羅馬元老院裡，被一批反對他獨裁的元老刺殺，遺位由養子**屋大維**繼承，確定羅馬的元首制。此後，羅馬帝國"帝位"的繼承，相當大比例，是傳給沒有親緣關係的"養子"，而且，經常在皇帝晚年、甚至臨終時，宣佈哪一個人是"養子"。

這是個饒有趣味的制度軟體，也符合那時羅馬帝國的實際需要：這樣多元成分的國家機器，軍隊是最主要的粘合劑，各大軍區的司令官，實質上，就是帝位的候選人，傳子，不現實。總之，這對本質上是個軍事帝國的羅馬帝國而言，也成為一個傳統習慣。凱撒大帝，跟漢武大帝也很相像，出身貴族，文采、武略具佳。

人類的王權專制制度，總免不了出賢君、暴君的概率。羅馬帝國也出暴君，殘暴程度，只能以"變態"形容。

西元117年前後是羅馬帝國的鼎盛時期，約當東漢王朝中期。羅馬帝國進入盛世時期後，皇帝為固化統治，將元首制強化為君主制，並立法加速各地區的羅馬化，從此，羅馬帝國更加專制、更像帝國。

西元 131 年，皇帝廢止猶太族群諸多傳統禮俗，引發猶太人大造反，羅馬軍隊花了 3 年時間、屠滅近 60 萬猶太人，迫使猶太人從此流浪、散居世界各地。

中國歷史記述，西元 166 年，載有羅馬使臣朝覲的事。應該是羅馬商人由海路到達洛陽，以羅馬皇帝安敦使臣的名義覲見中國皇帝，並在京城設 "使館"。那時期羅馬帝國的皇帝確實叫安敦尼，在位 20 多年，是羅馬帝國有名的太平盛世時期，轄下人口估計近 5000 萬。安敦尼的繼承人中，還出了歐洲史上著名的 "哲學皇帝"。但，羅馬史上，並沒有派遣使臣到中國的記載，而且，安敦尼死於西元 161 年。

總之，漢代時，東西方已經有所接觸。

〈新〉 西元 9-23 年　　改革者：**王莽**

傳統史書上，王莽是個 "反面教材"。不過，史書，是後來東漢的修史官寫的，政治上的 "正確"，使得王莽形象特別不好。

東漢整理史籍的時候，那時，儒家思想已經成為 "正統"，知識份子不自覺地把經典上寫的、理想化的西周制度軟體當成史實。比如，"正統" 王權萬世一系，正是王權專制最想要灌輸給社會的 "人心工程"。幸好，數據仍在，我們只管從數據面來還原史實就是了。

我們需要小心點，比如，從數據看，按同樣的規則來定義 "暴君" 的話，秦始皇是，漢武帝也是。同樣是知識份子，司馬遷也可以說是 "儒家"，但他記述當代文士的 "儒林列傳" 並不教條，描繪秦王朝暴虐，也是依照事實。

根據記述，王莽是個 "偽君子"，專權了 9 年後，"篡" 漢當 "新" 王朝皇帝，又專制了 15 年，統治了總共 24 年。當時中國社會發生的一切，自然都是他的責任。

當然，哪怕現代的公司，無論大小，也總會有個決策的人，擔負成敗責任，無可避免。沒搞好，被批評或下臺，理所當然。不過，國家機器跟公司一樣，都是一群人的事，成敗，人人都有一份責任，無非頭領的責任最大，如此而已。

王莽能夠顛覆西漢王朝二百多年的政權，絕不是他一個人就可以做到的，當時，西漢的官僚、宦官、豪富集團、甚至京城的老百姓和部隊，哪個沒份？

有什麼人民，就有什麼政府。這跟有什麼政府，就有什麼人民，是辯證的關係。

中國傳統學問裡的"人本"，不是現代西方"個人主義"軟體下的"神賦人權"的絕對化概念（邏輯上，是不通的。數據是，人生下來就不平等）。中國前人早已理解到，天道裡的人道，人，人群，個性、欲望、群性、道德，這些元素，互相糾結，互相影響，有機地形成社會裡的思想、制度等等軟體。既然是人為的，當然以人為本，人造的軟體，人也能改變軟體，人道，是動態的、演化的。

王莽一生的數據，就很能反映那時情況的複雜。人群社會本來就複雜，人多，更複雜，何況漢元帝之後的漢式儒文化，還把社會風氣帶向了虛偽化。

功利與道德，利與義，軟體本身的矛盾，本身就很難平衡。

這個外戚集團出身的王莽，小時候死去父兄，是依賴權貴的叔伯們長大的，自然很低調。書讀的不錯，算是個論語專家，也身體力行論語的"仁"思想，生活樸素，工作努力，對人有禮，經常將薪水跟獎金拿來接濟一般平民或款待名士，朝野內外，沒有不說他好的。

王莽當了皇帝,也沒殺掉被廢的漢帝(富貴地活著),他自己的生活依然簡約、勤奮。這些,是數據,真實的,反映出孔子"仁"思想對王莽的影響。

新王朝成立之前,什麼群臣勸進、祥瑞叢生、他自己捐錢捐地救災(這使得官僚豪富集團不得不回應救災)等等,輿論動員,肯定是有組織或有目的炒作,這些是做作的數據。此外,王莽先後殺了自己兩個兒子,都有權力的動機,非常沒有人情。就這麼個複雜的人,因緣際會,站在了政治舞臺上。(但,誰人不複雜呢?欲求,使人很容易把"想要的"當成"真實的"境況,來回倒幾下,真真假假,不複雜也變複雜)

人類權力制度軟體的驅動下,作秀,已經成為當權後的王莽的習性之一,反映了那時中國社會業已相當虛偽(不可能完全沒有人看出來,但…,跟今天美國一面科學昌明、一面呼喊上帝一樣,看來,求真,大概是人類所有文明必須的歸宿)。

能做皇帝,王莽當然不笨,他看出戰國秦漢以來的小農經濟社會問題:土地兼併、貧富懸殊。在這一點上,王莽正確無誤,並且,他還真想去解掉這個問題,比中國史乃至世界史上任何統治者的動機都更好,歷史應該還他一個掌聲。

2000 年前的人類經驗,積累的智慧軟體顯然還不夠,不獨中國為然,"社會問題"的認識,統計學、經濟學、心理學等比較實在的探索人性的方法學,人們都還沒建立。王莽那時僅有一點中國經驗,他的參考書只有傳統經典,於是:

● 仿古,按文士理解的周王朝"上朝天國"的管治辦法:

① 針對土地問題,恢復"王田制",國有化全國土地,不得買賣,現有的地主,允許保留一定限額的土地,超出的一律上繳,分配給農民耕種。不用說,要把老虎嘴裡咬著的肉摳出來,難度可想而知。

② 針對資源問題，山林（礦、林、獵）、河澤（漁）、貨幣、鹽、鐵、酒等，一句話：國有化。

③ 針對蠻夷問題，周邊原本臣服於漢帝國的匈、西南夷、高句麗等，所封爵位一律由"王"降級為"侯"，並且外交文書上的稱謂，一律改為蔑稱。

● 創新，針對當時的中國社會問題：

① 禁止買賣奴婢，禁止豪強增加奴婢，意圖取消奴隸制度。

當時中國社會土地兼併到，許多農民只好賣身為奴，把自己和家人賣給"豪強"做"奴婢"，就是奴隸。豪強，直白說，就是有權、有錢的人，權、錢，自古就通的。這是新法試圖重新分配土地與農民的、跟王田制平行的措施。

② 徵收"無業遊民"稅，實際是禁止人民遊手好閒。

政府強制無業者勞動，供給飲食。

③ 人民因祭祀或喪葬之需，可以向政府貸款，零利率。

農業、小工商業者的資金需求，也可以向政府貸款，政府收取純利潤的 10%。政府還直接干預經濟，透過平準、均輸，管制物價。

新王朝的這些新法，實施 4 年後，天下大亂，因為：

① 下達文件或命令容易，實施與執行，並不能靠中央政權少數人，仍然要靠官僚體系，而官僚集團絕大多數的官吏，就是私有土地的地主。

② 許多資源原已私有化，林、獵、漁、酒很大部分是原來的小老百姓經營的，鹽、鐵、幣、礦則是大商與官僚的勾結。

國有化，妨害太多人的、大大小小的既有利益，阻抗是必然的，結果，無權無勢、難以阻抗的中小企業，被豪強拿來交成績單，首先破產。

③ 中央政府統一貨幣，禁止私鑄，本來是好事，不料，王莽按經典教條辦事，廢掉方孔圓錢，中央改鑄西周式的鏟錢，攜帶流通都不方便，立刻引發經濟問題。

④ 對外，無聊的"名位"問題，引發周邊各國巨大不滿，邊境立刻緊張起來，中央政府的軍費負擔大增，西域諸國也再次成為匈國勢力範圍。

⑤ 王莽還無聊到官服、官位、地名通通變更、仿古，以那時的交通狀況，涉及的各地各級官僚跟不上變化，連公文都大大混亂。折騰幾年，最終，大多數變回原狀。

天下大亂，除了妨害太多既得利益之外，還因為新法只有文件、只有"原則"、沒有"可行性評估"、沒有動員、當然更沒有"施行細節"，實施困難，也不可能真的被滿腦子功利的、既得利益的各級官吏實施，不過是給官吏與豪富開出變相的剝削機遇罷了。

老百姓的日子，過得更加辛苦。西元 11 年起，"盜匪"蜂起，各地人民造反，直到西元 23 年，**綠林軍**打進京城。歷史記述，王莽並未逃亡（大概沒地方可逃），衣冠整齊地坐等農民軍進宮殺他（很有儒"士"風範），恨極了的群眾，分食了他的肉體。

估計新王朝覆滅那時，中國人口從西元 2 年的 6000 萬，降到了 2000 萬以下（雖然西元 14 年黃河大改道，也造成人口大死亡），要到西元 57 年（東漢光武帝晚年）才回復 2100 萬的數字。

王莽的改革，怎麼說呢？黃河改道是天災，引發混亂的管治，是人禍。

統治者，沒有"好心辦壞事"的餘地可言，"成王敗寇"也不僅僅單純是權力最終歸屬的問題，興許是人類社會給統治者定性的無可奈何的標示，雖然他個人只是那個龐大的統治集團的標記。。

人類文明，無不具有虛偽的面具，任何時間、空間都有大量偽君子存在，"偽君子"顯然不是敘述王莽的一個最合適的標示。王莽"復古的新法"，無論仿古與創新的目標，即使在現代世界，仍然很有意義，社會問題依然還就是那幾個問題。

王莽失敗的改革，讓中國後代的統治集團嚇破膽。歷史，做為人群社會實驗的數據報告，這樣規模、這樣根本的制度軟體變革，中國再沒有人敢想敢試，千多年之後，宋朝的王安石、明朝的張居正、清朝的雍正皇帝，都只做了微幅改革。

西方世界，西元 18 世紀末的法國大革命（失敗，但轉變了法國人思想）與美國革命（獨立，成功轉型）、西元 20 世紀初的俄國共產革命（成功，後來又改道），都付出過巨大的社會成本。成功的，西歐社會固然當它"正面教材"，失敗的，西歐社會也沒真當它是"反面教材"。

新王朝，王莽，其實不應該僅只是中國歷史的"反面教材"。
全世界的人類史，社會問題的本質，人群的因素，中國前人最早領會，所以孔子說："**不患寡而患不均**"、並且要求"**富而好禮**"。

人類史上發生過的社會根本變革，都是天災或人禍引爆自下而上的大革命，統治者主動的自上而下的大改革，王莽是<u>第一個</u>數據點。

2000 年前，西漢覆滅＋新王朝失敗的改革，其實標誌了人類權力制度（王權與金權）沒有能力自行升級社會軟體，人類國家機器繼續運轉到現在，仍然不斷重複面對同樣的社會問題。

凝結漢式儒文化的〈東漢〉 西元（23-220）年

（一） 思想統一、儒家政治化， **漢光武帝** (西元 25-57) 在位

即使沒發生西元 14 年黃河改道的特大水災，新王朝一次到位的改革，
依然難以成功，天災，不過加速了王莽的滅亡。西元 17 年起，中國再
度進入戰亂，實力集團再度角逐、打天下、爭奪政權。

反新王朝的兩波主流，一個是地主豪強的武裝，**綠林軍**，起於湖北、河
南接界一帶，另一個是農民的武裝，**赤眉軍**，起於山東。綠林軍，頭領
是劉姓宗室，多支人馬也不乏宗室子弟，其中，**劉秀**，便是後來成功取
得政權的**漢光武帝**。這時，分布中國各地的"王族"，劉邦的血緣"宗
室"，經過 230 年的繁衍，已超過 10 萬口（這不奇怪，據西方的統計，
成吉思汗的"黃金家族"成員，800 年的繁衍，全球現在不下千萬人，
可見，人口是人類社會大問題）。由於宗室繁多，劉秀雖然具有王族血
緣，生活上並沒得到太多特權，實際，比較近於一般平民出身，喜歡下
田勞作，唯一的好處，教育不錯，是個知識份子。人類社會，任何時代，
有知識，都是好事。

劉秀打天下的經歷，比他的老祖宗劉邦還更曲折，險象環生，鍥而不捨，
從西元 23 年打到西元 37 年，方才打下整個中國。劉秀靠的是，智慧與
沉著、勇氣，劉邦更多靠的機靈和運氣。另外，這兩人的起始動機也有
些微妙的差異，劉邦打天下，無本的江湖，賭一把，打下來分贓。劉秀，
並非全然無本，打天下是擴大佔有，自然也分贓，但改善社會狀態，更
能保本、利多、夯實所占，私心之外，不能說他全無"公"心。

綠林軍一開始造反，西元 23 年，就立了頭領當皇帝，打了恢復漢王朝
的號召，立刻成為新王朝軍隊的眼中釘，派了號稱 40 萬大軍進攻綠林
軍。當時，綠林軍不過數萬人馬，包括劉秀在內的 1 萬多人馬，面對被
新王朝部隊團團圍困、有在昆陽城（今河南平頂山葉縣）覆滅的危險。

這些剛剛組成的造反部隊，相當烏合之眾，很有一些頭頭當下就想棄城而逃，劉秀告訴他們：造反了，還夢想保全家室，太天真了，革命只能幹到底。綠林軍的兵與糧都少，昆陽若守不住，綠林軍主力離這裡不遠，也會滅頂。。會議還沒開完，偵察兵回來報告：官軍數十萬、綿延百里、先頭部隊馬上到達郊區了。。於是，逃也沒路了，這才慌忙決定，讓劉秀帶 13 騎，趁夜突圍、尋求援兵。

劉秀突圍後，昆陽被圍攻了幾天，綠林軍居然頂住了。但被圍的人企圖談判投降時，新王朝的主帥卻拒絕了，綠林軍只好拼死守城。這時，劉秀臨時召集了數千人的隊伍回來救援，自己帶了千騎做先鋒隊，新王朝的主將輕視劉秀先鋒隊人少，只派幾千人馬迎戰，被劉秀大敗，綠林軍士氣大振。至此，劉秀又組織了 3 千人的敢死隊，還是自己帶隊，反覆衝擊新王朝中軍大營，混亂中殺了中軍主將，新王朝部隊動搖。昆陽被圍的綠林軍見勢，也開門出擊，神就神在，天氣忽然變化，風雨雷電交加，連日戰鬥疲憊下的新王朝大軍心理崩潰，潰兵被溺死、被踩死的不計其數，新王朝主帥僅以身免。（歷史很多偶然，天氣變化往往促成重大事件，後來也發生於明成祖奪權稱帝的幾次戰役）

歷史記述的昆陽之戰，劉秀統率的部隊，不超過 1 萬，昆陽原有的綠林軍多不過 1 萬五，以少勝多不說（甚至是 1:15），還報銷了新王朝的全部精銳，至此，王莽已經沒有部隊可以保衛京城。很快，綠林軍如入無人之境，長驅直入長安，殺了王莽。

劉秀這樣的功勳，綠林軍的頭領 "皇帝" 當然不安。劉秀心裡明白，放低姿態，藉機離開綠林軍的關中地盤，到河北發展。劉秀行事，拎的清重點，小嘛，生存競爭策略是，集中兵力、各個擊破、收編，加上，簡政（降低管治成本、減少剝削、獲取民心），很快就奄有關東地盤（中原+河北等地），西元 25 年，也自立為皇帝，沿用 "漢" 朝名號，建都**洛陽**，就是**東漢**（跟西周、東周的起名一般）。

其實，以現代科技來看，劉秀是劉邦的 9 世孫，他身上只帶有千分之 1.95 的劉邦基因硬體（假設這支劉家從未跟其他宗室通婚過）。不過，那時"漢人"的認同，已經普遍化，延續"漢室"，至少在黃淮流域，是個很好的政治號召，更何況 10 萬劉姓"宗室"，已近那時中國人口的 0.5%，而且都不是社會的底層，佔有的資源非常可觀。

劉秀的"運氣"，來自競爭對手。豪強與地主們支持的綠林軍，靠劉秀昆陽大戰的勝利，得以率先攻進長安、滅掉新王朝，但老大們也率先享受起打天下的果實，夜夜笙歌之外，還逼走了劉秀，有知識、沒有政治智商。2 年後，西元 25 年，赤眉軍也從山東打到了陝西關中、也打進長安，滅掉綠林軍政權，並且大肆劫掠，沒知識、也沒政治頭腦。

劉秀面對的這兩個"主要敵人"，赤眉幫他消滅了綠林，赤眉又還自掘墳墓。

赤眉（把眉毛塗紅，以區分敵我），本是農民起義軍，首領**樊崇**，進長安之前，原本紀律嚴明，跟劉邦一樣約法二章，殺人者死、傷人者償傷（類似"以牙還牙、以眼還眼"）。當時災荒嚴重，饑民很多，赤眉軍所到之處，劫富濟貧、開倉救饑，大受歡迎，以至於跟隨赤眉軍西進的，達到號稱百萬之眾。不料，這時卻一反常態，眷戀城市，劫掠長安、掘盡漢室陵墓（漢文帝陵寢除外），失去關中人民支持的赤眉軍，墮落為一支流動暴軍。京城附近的郡縣，立刻武裝自保鄉里，拒絕供應糧食，赤眉大軍在京城坐吃山空，沒幾個月，只好離開長安向西覓食。這時，甘肅與四川各有一個地方割據的集團，西進的赤眉軍在甘肅被打敗，只得再回師長安（那時節，已被東漢軍佔領）。

瘦死的駱駝比馬大，劉秀雖然稱帝，但中國各地的武裝勢力還是比東漢初年劉秀的實力大出許多。回師的赤眉軍連續打敗東漢軍，再次進入幾乎成為空城的長安，逼得劉秀走馬換將。但赤眉軍勉強撐到西元 26 年冬季，原先西進的百萬雄師，兩年不到，大致減員一半，只能向東打回老家覓食。這情勢，早已被劉秀料到，他指令關東各地東漢軍堅壁清野，以逸待勞。劉秀的智慧奏效,西元 27 年初,東漢軍大敗東歸的赤眉軍,赤眉軍徹底投降。此後,東漢軍的任務,便是不斷地肅清中國各地大大小小的地方武裝。

西元 37 年初,東漢王朝終於消滅了甘肅與四川的割據,大致統一了中國。

經過 20 多年的天災、人禍、戰亂的中國人,許多遷移到南方躲避戰亂,其中移民湘西武陵山區的,跟當地原住民大量混同。東漢王朝再次一統後,地方郡縣加強控制,跟武陵民眾發生衝突,西元 47 年,武陵人民武裝暴動、叛亂,鬧了 3 年後才被敉平。中央政府軍經常被山地游擊隊打敗,連東漢名將,**馬援**,也因疫癘而死於軍中。道理很簡單:北方部隊到南方,水土不服,病死幾乎半數。(同理,南方部隊到北方也慘)

西元 50 年,武陵叛亂結束,漢光武帝方才真正全面恢復漢帝國原有局面。

漢光武帝打天下,很性格,蠻合人情,盡量減少戰鬥。經常自己寫信向對方招降,寫的很直率,給割據甘肅頭頭的信,留下 **"得隴望蜀"** 的典故,意思是:我的心很大,不但要統一甘肅,還要統一四川,不降就打囉。赤眉軍投降,派人來談判條件,光武帝說:就饒你們不死就是了,還要啥條件?但東漢軍本來就不濫殺,大致只殺幾個頭頭。後來,入川的東漢軍打下成都,帶兵官殺了四川頭頭全家、劫掠宮室,光武帝從京城洛陽下詔嚴責之外,並啟用川軍投降中的能人為官,迅速收服了四川。那時,越南北部也是漢王朝的 3 個郡,東漢初派漢官,設立學校、傳授耕種技術,本來好好的,換個官,加重剝削,西元 40 年,越南人民造反,東漢王朝派**馬援**率兵敉平,之後,光武帝立刻進行改革,引入渠灌技術、發展農業、廢除地方的 "越律"、提高越南文化水準。這些,都反映出漢光武帝敏銳的智慧,以及,對症下藥的實在風格。

說個漢光武帝用人的故事，受封為<u>伏波將軍</u>的，**馬援**。

馬援是個"天才"型的人物，12歲喪父，跟著哥哥們過日子，天生大志，少年時讀書不專心，向長兄報告：想去邊疆種田、放牧，開明的大哥理解這是塊不平凡的料，就答應了。還沒動身，大哥去世，馬援不走了，足足守墓一年。後來在郡裡做小吏，押送囚犯，因為憐憫，私自放了一個重犯，只好自己流亡到甘肅，畜養牛羊，效果很好，遠近有幾百戶人來投奔，加入"馬援公司"，他也就帶了這幾百戶人，游牧於陝、甘、寧之間，儼然一個小酋長。常對人說："大丈夫立志，窮當益堅，老當益壯"。

新王朝末年，天下大亂，群雄並起，馬援已經30好幾，對著這麼多年積累的幾千頭牛羊馬匹、幾萬石存糧，慨然長嘆說："財富是拿來助人用的，不然不就是個守財奴嘛"，於是，通通分給兄弟朋友，自己仍然過著簡單的日子。不久，被新王朝招募為官，新王朝覆滅後，他被割據甘肅的頭頭延攬為謀士，代表甘肅勢力，先後出使到四川、關東。到關東跟漢光武帝見面，馬援感到光武帝的自在與大氣，當時，光武帝不無調侃的對這位特使笑說：您老高呀，遊走在帝王之間…，馬援回答：當今之世，非獨君擇臣也，臣亦擇君，還是您高，大咧咧的，您就不擔心我是刺客…？兩人之間，感覺挺好的，幾乎無話不談。等馬援回到甘肅，立刻奉勸甘肅頭頭：別鬧啦，您沒帝王的格，乾脆歸附漢光武帝吧，搞不過東漢的。。。

光武帝統一中國後，西元33年起，任命跟"革命集團"毫無淵源的馬援治理甘、青邊區事務（主要是諸羌），夯實邊區就是馬援建議並執行的，文武俱佳的馬援經營邊境8年後，甘寧青地區基本就安定下來。過程中，馬援老早發現，幣制混亂是造成邊區不寧的部分原因，邊區嘛，交易是必須的，幣制混亂經常引發各種糾紛，便上書朝廷，建議回復流通五銖錢，遭大臣們駁回。馬援離任回到洛陽，依然據理力爭，光武帝便決定採納他的建議，重新發行五銖錢，實際，連東漢經濟政策，馬援都有貢獻。後來，光武帝對馬援，幾乎無話不從，常對人說：伏波論兵，與我意合。諸皇子也都喜歡聽馬援講故事。

西元 41-44 年，馬援被派到越南鎮壓叛亂，部隊所過之處，都組織地方開渠灌溉、修築縣城，並將地方法規不合漢律的地方抓出來，修訂成跟漢律一致，向當地人申明約束。這些文化輸出，都成為東漢管治越南郡縣的政策。馬援雖然平定叛亂，因此封侯，但東漢軍 4 成以上死於瘴癘，封侯後，他只殺牛擺酒、犒賞部下，感謝下屬說：自己沒啥功勞，功勞都是部屬們的努力與犧牲的成果。班師回京途中，聽到漢匈又鬧摩擦，他的反應：男人嘛，應該死在疆場，馬革裹屍而還，怎麼可以期望死在床上、兒女手中？那時，匈國聯合一部分烏桓，騷擾邊境，馬援回京立刻自請上陣，家裡才待了個把月，便帶了數千騎趕到晉北，真正是"游牧"一生。烏桓發現是馬援帶的隊，也不打了，紛紛散去。

西元 48 年，政府軍鎮壓湘西武陵叛亂失敗，62 歲的馬援又自請上陣，光武帝擔心他年老力衰，不許，馬援騎上馬示範，依然威風，光武帝笑說：這老頭還行嘛。於是領兵奔赴戰場，西元 49 年，病死疆場。死後，竟然遭受幾個寵臣誣陷，光武帝居然也信了（人情，永遠是"近水樓臺先得月"，專制的權力，是人嘛，哪怕大帝級別，畢竟也會耳根子軟），馬援差點連屍首都不得安葬，要等到皇太子繼位後，才得平反冤案。。。

漢光武帝打下天下那時，中國百孔千瘡。他的知識，使他做出正確的決策，一面進行武力統一，一面整頓政制軟體、硬體（許多是受王莽啟發的）：

① 繼續漢宣帝強化中央政府行政體制的措施，六部尚書直接向皇帝負責，既集中了皇權、抑制了權臣當道，又分管了官僚體系、提高了專業行政效率。此後，這體制大致被中國各個朝代沿襲。

② 整理外戚、功臣、宗室弄權的教訓，不使用血腥的手段，轉用溫和方式，"柔道治國"：基本不大給這些人參與政治的機會，但讓這

些人名利兼收，過上養尊處優的日子。連皇子們，雖然封王，但封地很小，也不讓去封地，集中在洛陽。識相的權貴，都轉向做學問去。

③ 裁員簡政，撤銷400多個縣，官吏減員近90%。統一後，裁軍，士兵屯田務農，同時，裁撤地方兵制、取消各種兵役，軍隊改為募兵制。

此後，中國的小農經濟格局大變，戰國到西漢的小農與人口，從原來的稅源、兵源、役源，簡化為單純的稅源，兵農分業，自然也就無所謂**"寓兵於農"**，原有的地方軍事訓練機構通通裁撤。此後，生產力大增（農業更專業化了），但中國人也就不知兵了（戰鬥力差了）。募兵之後，還產生另一個效應：既然軍隊職業化，軍人從此自成一個體系，同時，大量招募內附的游牧民為士兵，人情是，將帥與士兵生活與共的結果，便滋生了軍閥與地方上的軍權，直接影響東漢王朝的覆滅。

④ 提倡儒學，但尊儒的同時，大力表彰**氣節**。

基本上，繼續漢元帝的文官管治路線，但考查文士的標準，不止五經書本，多了一個**"氣節"**，實際是，考查文士自身的道德實踐。東漢初期的文官，因此形成相當好的風氣，**"貧賤不能移，富貴不能淫"**，這，相當影響了後世的好文人，有話敢直說，當然，光武帝也有納諫的雅量。

（史書記載，他曾任用**任延**做武威郡太守，接見時說：你要好好伺候上級、不要壞了自己名聲。這文士任延回答：維護公義，是我做官應有的品德，如果上下附和，忽悠中央，也不是您想要的吧，對不起，我不接受您這指示。光武帝聽了，不但沒"龍顏大怒"，還感慨說：你說的對呀）

94

⑤ 對內，

清查土地與人口戶籍，大量釋放奴婢與刑徒（跟劉邦做的一樣），立法保障未釋放的奴婢人權（法律對自由民與奴婢，一視同仁，傷害奴婢，依法制裁）。田賦則回復文景的 3.33%，振興農業、發展生產。

基本上，"修養生息"。但，落實土地清查沒能到位，光武帝雖然殺了一些勾結的官吏（做假賬），還沒進一步查清，立刻引起豪富反叛，"仁道"的光武帝，最終不了了之，於是，土地（財富）兼併的社會問題，依然沒解，此後，繼續困擾中國至今。

⑥ 對外，

♦ 減少與匈汗國的正面衝突，放棄西域（戰亂結束時，西域各國恢復派遣王子到漢帝國京城為質，但光武帝深知，虛榮無益，來者都以厚禮遣回）。西元 46 年，匈國再次發生爭奪單于權位的內戰，正式分裂為南北匈國，不巧趕上蒙古草原連年旱蝗，史書記載 "人畜饑疫，死耗太半"（看來，氣候施加於黃河的，同樣也施加於蒙古），這時，南匈國的單于是呼韓邪的孫子，請求內附東漢王朝。正值雙方都人口大減，光武帝乾脆把南匈國遷入長城之內的邊區，包括陝、甘、寧、晉等地北部地方，護衛邊境，連單于王庭都設在塞內，以便控制、支持南匈國對抗北匈國。

♦ 但夯實甘、青的管治（諸羌叛亂必鎮壓，以確保河西走廊）

♦ 並在東北招募遼寧的**烏桓**諸部內附，一部分安插到河北塞內邊區（那時烏桓趁匈國勢弱，脫離匈的控制）

♦ 西元 54 年，更建立跟黑龍江的**鮮卑**諸部的關係（封鮮卑諸部為東漢的屬國，受派到遼寧的烏桓校尉監護），以防制北匈國向東發

展。（烏桓、鮮卑，相當於後來的科爾沁、滿洲諸部，意思是，以草原騎兵平衡草原騎兵）

光武帝當然不會料到，支持南匈國、烏桓、鮮卑諸部的結果，後來固然終結了漢匈戰爭，但機動的草原從來不曾止息，匈國覆滅，鮮卑（包括，柔然）諸部立刻填空進去，加上塞內諸部的繁衍，直接就是後來 "五胡亂華" 的最大起因。

◆ 西元 57 年，日本列島上諸部（當時日本有上百個部落國）中的一個，大概位於日本九州志賀島（西元 1784 年在這裡出土金印），遣使到洛陽，表示願意成為漢王朝藩屬，光武帝遂封其為 "倭奴王"、賜 "漢倭奴國王印" 金章。這是中日之間最早的交流記載。

漢光武帝當然也可以稱為 "光武大帝"，當之無愧。

各項施政，都很實在。尤其是④，使儒家思想統一了中國人的思想，成為教化的 "正統"，從此，華人世界的一統，人腦軟體裡頭，又多了一個機制。

從人性來看，其實，光武帝的提倡儒學與氣節，當然有功利成份。他其實明白，無論怎麼管治，必須靠一大群官僚集團，官吏也是 "人"，也都有各自的私心，怎麼抑制那麼多人的私欲，滿足他劉家的 "國家" 利益呢？做為知識份子，光武帝選擇儒學為思想平臺，固然有自己比較熟悉經籍的原因，儒家話語強調忠誠仁義，更貼近王權專制，政治上更好用，絕對是最大因素。既然官僚系統不可或缺、知識份子不可或缺，光武帝只好期望，文官有 "氣節"，能夠最大程度地效忠於漢王朝，從他表彰文士的各個數據，無不與對漢王朝的忠誠度相關。自然，如果士人品德全按儒家理想，行政效率姑且不論，壞不到哪裡去，對漢王朝也有利。

像那位直耿的文官，**任延**，之前派在越南九真郡（今越南中部）當太守，做 30 萬人口的父母官，那時的越南還未開化，生活相當程度依賴漁獵，也沒有姓氏，任延引進種田、牛耕、婚姻等漢文化，任延走了，老百姓還蓋廟紀念他。任延到武威上任，當時是羌漢匈雜處的地區，漢派來的軍隊裡頭，有仗勢欺人的軍眷子弟，被任延依法殺了幾個，公平了，各族群也就信服不鬧了。。。有操守、有原則的知識份子，哪能不好用？光武帝的重點，在於 "忠誠"、中規中矩。

既然提倡儒學，漢宣帝時已經規範了傳統經籍的版本（教科書），漢元帝時又擴編了五經博士（國家級教授）和太學（等於社科院），光武這時，文官考選除了經義，也看品德，官僚體系雖然大裁員（官僚名額不多了），皇帝自己表現的更非常禮賢下士，於是讀書人努力看齊 "士人"的新訂標準，功利驅動與否，動機已經不重要。。。總之，光武帝確實扭轉了那時文官系統的風氣，東漢也確實出了不少高風亮節的士人，**氣節**更成為後世華人的道德理想。

當然，上有政策，下有對策，皇帝從來不可能一個人治國，文官體系把持考選標準，教科書，越搞越窄、越讀越死，品德，越來越弄虛作假。後來，漢儒教條化，那就不是漢光武帝可以預料的了，他只管，儒家思想統一中國思想。

雖然提倡儒學、重視文教，光武大帝還是有個敗筆：迷信 "讖緯"，沒有超越王莽的格局。此後，讖緯之術盛行，幾乎成為另類中國宗教。（漢武帝時期開始，災異、陰陽、五行隱身於知識份子對經書的附會與注釋背後，使得當時社會出現許多作假、但 "偽託" 為古人寫作的 "經書" 出現，不真，虛偽，成為 "漢式儒學" 最大敗筆，直接影響了中國式文明。）

西元 57 年，光武帝死，太子**劉莊**繼位，是為**漢明帝**。

（二） 明章之治， 西元 57-88

劉莊跟漢武帝有點相似，從小聰穎，少年時期就已經很讓皇帝老爸另眼相看。

劉莊 12 歲時，光武帝看到土地清查的帳冊上，居然有些地方標注了"可問""不可問"字樣（大概是官吏不小心，沒去掉，原冊交到皇帝那裡了），光武帝看不懂，問群臣：啥意思？大家也不懂。剛好劉莊在場，他插話：這些地方，聚居許多王族、權貴，肯定是清查的官吏不敢太認真吧⋯。光武帝派人詰問承辦官吏，果然如此。皇帝嚴辦，但激起叛亂。

後來，劉莊 16 歲（算剛剛成年），有個巫師在小城市聚眾叛亂，被附近的政府軍圍住了，一時攻不進去，現場的帶兵官拿不定主意，強攻吧，他人少，未必攻得下來，傷亡也重，等中央軍來吧，要花時間，他未必撐得住。光武帝看到這報告，群臣正商議著，劉莊說話了：又不是全城的人都造反，叛變者的心思是浮動的，圍得太緊了，他們想轉移也出不來，不如鬆開一面，等他們"突圍"，再各個擊破⋯。皇帝採納、定策，果然，叛軍"突圍"後，運動中被政府軍消滅，事件結束麻利，代價很小。

漢明帝，比漢武帝理智好幾個數量級，大概從小便冷靜地觀察老爸管治的得失。即位後，立刻貫徹光武帝的許多政策，做的比光武帝還光武帝，恐怕是中國史上執行力最到位的皇帝：

① 規定外戚不封侯、不得做大官，即使工作突出，也沒有例外。

　　明帝傳達信號的方式，很中國。光武帝生前交代，宮廷要為開國有功的武將們畫像，漢明帝做了，但沒有功勳赫赫的馬援，只因為馬援就是他的岳父！大臣問他為什麼沒有馬援？明帝笑而不答。

不久，臣民們瞭解皇帝的意思，就是斬斷徇私門路，不讓外戚有弄權的機會。在明帝的朝廷，所有外戚，官位都達不到可以參與議政的位階。

② 嚴格對待官僚與權貴，犯法必究，從不網開一面。

皇帝的姐夫（就是那個誣陷馬援的渾人）與舅舅犯法，照樣處死。宗室也不例外。

明帝經常在朝廷上斥責官員，甚至自己杖打記賬錯誤的官吏，不留面子。當時的官僚無不小心翼翼，嚴謹辦公。

漢明帝時代，是中國史上吏治最清明的時代，大概也是統治集團最得民心的時代。官員貪腐，依法 **"禁錮三世"** ，三代不得做官。

從歷史記述裡頭看得出來，任何時間的統治集團，官吏們大都是一大堆親朋故舊的圈圈組成，東西方並無二致，中國更屬害些罷了。所以，漢明帝的嚴格，非常難得，這，就是他的智慧。抑制官僚與權貴，豪強自然收斂。

③ 寬鬆對待平民，繼續 "與民休息" 政策。

多次招撫流民，將國有土地分配給貧民耕種，貸給種子、糧食，興修水利，整治黃河。當時，黃河改道南移後，沒有堤岸約束，下游經常氾濫，明帝命令當時的水利專家**王景**修治黃河，投入數十萬民工、耗資百億錢以上，築堤千里，終於恢復河、汴分流原況，此後約 200 年都沒有河患。

明帝 18 年任上，中國人口從 2 千來萬激增到近 3500 萬，人民安居樂業。

④ 繼續崇尚儒學，規定權貴子弟都要學習經籍，還給外戚子弟設立學校。

經書裡頭，漢明帝特別重視 "孝經"，甚至命令近衛士兵都要背誦。他自己還參與制定王公百官的車輛、官服的儀制。

明帝少年時曾跟老師**桓榮**學習 "尚書"，桓榮是當時非常勤學的大儒，年紀大，學問和修養都上乘，修訂的尚書流傳至今，光武帝跟他相見恨晚，幾次讓他做官，他都謙辭、推薦給年輕的弟子們。明帝很尊重這位老師，讓桓榮主持太常府（文教委主任，管文化、教育、宗廟祭祀、禮樂、博士、太學），經常去太常府聽老師講課，這時桓榮已經 80 歲，常生病，皇帝去探視，恭敬地在巷口就下車，走到老師家。。。最後，自己執弟子禮，為老師送終。兩漢王朝皇家持續尊師重道的表現，形成後來中國社會良好的社會風氣，成為中國式文明的一大支柱，文化、知識因此更加普及。

漢明帝時期，對外發生幾件大事：

◆ 西元 64 年，漢明帝夢見一個高大的金人，閃閃發光飛落在殿庭裡，第二天心情很好，召見群臣解夢。博士、學者們說：周昭王時，西方有佛出世，遍體金色…，一定是佛吧（數據：周昭王是西元前 1000 年的人，佛陀是西元前 600 年的人！）。於是，派人往西方求佛，千辛萬苦，到了**貴霜帝國**（今中亞至北印度、東伊朗之間，那時**大月氏、塞、粟特、康居**等國故地），再千辛萬苦，帶回兩個大月氏僧人，用白馬馱回佛經。辛苦，因為必須經過北匈國地盤，是有風險的。回來後，皇帝當然很高興，西元 68 年，下令在京城（洛陽）蓋**白馬寺**，安置僧人和佛經，從此，中國開始有了外來宗教，佛教。

漢代 "寺" 的意思是 "鴻臚寺"，京城裡的外交官署、涉外點，安置國際訪客的地方，漢的 "鴻臚寺" 等於現在的外交部。當時，國際間交流不多，外事需要翻譯，彼此生活習慣、禮節也不同，涉外很慎重，官方請來的外國人到京師，都集中住宿在"寺"裡。洛陽白馬<u>寺</u>的命名，表示漢中央政府接納了佛教。中國本地的祭祀場所，太廟、關廟、媽祖廟什麼的，沒有稱為"寺"的。中國人沿用成習後，稱"寺"，都是從外引進的，後來的伊斯蘭教禮拜堂，也是叫"清真寺"或"回寺"。

實際上，當時印度佛教已經發展出許多宗派，從漢代直到唐代，大大小小的西域城邦國家，也多半是佛教國家。陸續傳入中國的佛經，有各國文字、各個宗派的版本，後來，到西方求取"真經"倒成為中外交流的一個很有人情味的歷史現象。跟現代一樣，"遠來的和尚會唸經"，因為中國人讀不懂洋經文嘛，佛教從漢代傳入中國之後，中國人留洋取經的"海歸"，無不篤信各自學到的版本，於是，到印度的就捧著梵文經版、到康居的就捧著粟特文版、到貴霜的就捧著大月氏文版（像不像 20 世紀初，中國人留洋的英、德、法、美、日、俄派系呀？），光是比較搞清楚印度國的佛文化宗派，足足 1 千年（到唐代玄奘回國，才算稍微清楚框架，人家印度國的文化，也是動態演化發展的嘛，任何國家也都一樣），不過，那時，中國人也已經開發出本土佛教了：禪宗。下面再敘。

漢明帝納佛，不排斥、主動引進外來的文化，這是中國社會的一大事件，也是人類史上的事件與嘗試，影響深遠。其實，只要有所接觸、有所交通，人類社群之間的文化吸收與融合，毋寧是經常發生的，相互學習，是智人的本能。佛教在中國的傳播過程，反映了人群怎麼消化別人的文化軟體，記載很多，是人心工程的經驗數據庫，相當寶貴。

◆ 西元 69 年，大半個雲南，有 300 年歷史的哀牢國自請歸附，於是明帝派員設立郡縣。當時哀牢人口已近 55 萬，多元族群（濮、彝為主），有千年以上的文化積澱，大致含蓋今天的大理至西雙版納地區，是相當大的郡國。漢置郡縣後 7 年，反，漢派軍敉平，此後，雲南迅速漢化。

◆ 南匈國內遷之後，草原成為北匈國呼衍單于的天下。北匈國也曾向漢明帝求親，但明帝勢不可能同時跟南北匈國結親，拒絕，北匈國遂經常騷擾邊境。

西元 73 年，漢明帝覺得中國已經恢復體力，反守為攻，命**竇固**進擊北匈國，勝，深入到新疆車師，並屯兵哈密、派**"投筆從戎"**的**班超**出使**鄯善國**，與北匈國正面爭奪勢力範圍。班超在鄯善**"不入虎穴，焉得虎子"**，以 36 騎突擊匈國使節團住處，斬殺匈特使，逼得鄯善國王只好歸附東漢。

明帝覺得班超太能幹了，派遣他再次出使西域，竇固想給他多一點人馬，班超也不要，仍然是 36 騎原班人馬。到了**于闐國**，巫師親匈，煽動國王，指定要班超獻出坐騎、以便殺馬祭神，班超爽快答應、但要求巫師本人前來牽馬，巫師一到便被班超斬殺，國王一看情況，便殺了匈國特使，附漢。然後，班超前往**疏勒國**，當時，疏勒被匈國支持的**龜茲國**統治，疏勒國王是龜茲人，班超派一個部下去見疏勒王，要求疏勒附漢，當然不會答應，但正談著，冷不防，這人按班超原先計畫，一步上前，劫持了疏勒王，龜茲衛士大驚，班超等人進城，另立原疏勒王的姪子為王，於是疏勒國人大樂，也歸附漢朝。至此，班超憑個人的勇敢、機智，使東漢王朝勢力重現西域。

但，不久，漢明帝死，**焉耆國**趁漢國喪，圍殺了漢西域都護，班超變成孤軍，在疏勒頂住龜茲等聯軍的進攻。

實際，這時的南匈國已經不大像個"國"，類似今天的自治區或西漢的王侯國（內附的南匈族群仍有一個大單于，更自主些），塞外的北匈國，實質上就是原來的匈汗國，不過實力大不如前罷了。後來，北匈國治下諸部，也有內附的。

傳統史書對漢明帝著墨不算多，這個皇帝的"型"，嚴謹不苟，重視數據、細節、程式、律法，又擋人財路（不讓人 A 錢），不是那時已經功利化的知識份子喜歡的 "型"。寫史的,盡說他 "嚴苛",實際是反映了中國社會根深蒂固的小農意識,散漫、貪利的心理作祟。比較嚴格、不開後門的帝王,比如,大清雍正皇帝,也慘遭類似待遇。

漢明帝,其實是史上少有的好皇帝。皇帝的職責,本來就是管治好國家機器+造福社會。漢明帝的成績單,短期、長期,都是 "甲" 等(光是整治黃河,200 年不氾濫,一項就值得),他的遺詔還交代:墳陵要省薄!!!。。。

這是個不可多得的、真實的人,一生作為,實實在在。

西元 75 年,漢明帝死,太子**劉炟**繼位,是為**漢章帝**。

基本上,漢明帝(任上 18 年)、漢章帝(任上 13 年),都繼承光武帝(任上 32 年)休養生息的政策。兩漢時代,中央政府經常明確 "與民休息" 的國策,其實有不得不然的原因:漢代 400 多年,是中國世界裡自然災害頻仍發生的時期,我們下面再說。無論如何,經過半個世紀的調養,中國社會又回復 "盛世",就是**明章之治**。

漢章帝即位第二年,西元 76 年,關東地區大旱,遍地饑民,政府組織救荒,官僚集團趁機向皇帝說:老天爺不高興,因為你老爸先前管的太嚴,不免冤殺了一些無辜的人,比如。。。。人情嘛,章帝心理明白,整個官僚士大夫統治階層都受不了明帝的嚴謹,"繃的太緊",加上,社會流行讖緯之說(就是他爺爺,漢光武帝的最愛),章帝自己也信,於是,改弦易轍囉,改為從事寬鬆:經常大赦,減輕賦役,放寬刑律,取消嚴規(貪官子弟可以立刻做官,不必等上三代了。也不抑制權貴了,外戚又可以參政了),經常超量賞賜宗室與百官,等等等等。於是,一片歡呼,傳統史書也讚他 "仁厚"。

漢王朝政治，前後繼承的帝王之間，至此，業已跟打擺子似的，鬆、緊、鬆、緊了幾回，事實上，從周王朝的文件裡也可以看到，人群社會（嚴格→效率→繁榮→舒鬆→散漫→衰敗→重整→嚴格）的人性輪迴，中國知識份子把這總結為"張弛之道"（或，"文武之道"，又扯上周文王、武王）。

漢章帝的盛世文治：繼續夯實儒學。

西元 79 年，效法漢宣帝，召集全國經學會議，親自參與審定經籍版本。當時，嚴謹的知識份子已經考據、分辨出一些古籍原版，漢章帝的重點是將後人對經籍的注解部分，大量與讖緯、陰陽、五行思想結合起來。會議結果，皇帝很滿意（古籍相當程度復原了，但解釋也更迷信化了），下令當時的史官，**班固**（班超的哥哥，是當代大知識份子），整記錄理、彙編成書。

班固是斷代史，**漢書**，的原作者，文筆很好。原先，跟司馬遷一樣，私下寫史，沒寫完，就被人告發，入獄，稿子上繳，被章帝讀到，很賞識他的才華，赦免，乾脆提拔班固為史官，經常讓他隨從身邊，成為很有影響力的文官，參與不少國政。班固死時，漢書還沒寫完，皇帝令班固妹妹**班昭**繼續寫（兩漢女性，社會地位還行，當然，班昭也是個才女），開放皇家圖書館藏的資料給她（有個寫作班子），班昭死時，還是沒寫完。傳下來的漢書，後來是班昭的弟子完成的。

漢章帝一朝，另一個政治成就，也是班家操辦的，就是**班超**對西域的經營。

漢章帝即位時，班超孤軍還在疏勒，鑒於國勢不如漢初，漢章帝決定再次放棄西域，命令班超撤回。班超離開疏勒，經過于闐，於闐人民死活不讓班超回國，班超孤軍只好返回疏勒，而那時，疏勒有兩座城已經叛降龜茲。班超捕捉反叛頭頭，組織疏勒聯軍，先後擊破龜茲的同盟國，孤立了龜茲。

班超站穩腳跟之後，西元 80 年，上書章帝，詳細分析西域諸國情勢，提出 **"以夷制夷"** 以斷匈國右臂的主張（這是原先漢武帝時代的策略，所以，武帝才嫁個公主給**烏孫**），漢章帝很滿意（當然啦，就 36 騎嘛，堅持了 5 年，還發展了勢力範圍），於是，委任班超全權代表漢王朝，班超成為名符其實的漢帝國西域總督，並給他招募了一支上千人的騎兵隊增援。（後來也不過增援了 800 騎，一共就 2000 騎）

西元 88 年，漢章帝死時，班超已經把西域經營到大半回復為漢的勢力範圍。

班超活了 70 歲，經歷明帝、章帝、和帝三個君主。這是個另類天才。

西元 74 年起，到西元 102 年班超死，他後半生 28 年全留在了西域（沒見過他回到中國的記載）。這個不平凡的漢人，從小就有 "異" 志，因為家境清寒，哥哥班固安插他在政府機關裡做小吏（文書抄寫員），還被炒魷魚。班超原本就憧憬到西域立功、封侯，於是，投筆從戎，從軍當兵，成為竇固遠征軍的一員。功利動機，促成班超到西域發展，或許這就是他的宿命，班超一到西域，融入的如魚得水，水土人文語言都通，簡直天生該當 "西域人"（班超第一次進入西域時，已經 42 歲，估計，應該早已學會並精通西域的通行語言，很難想像他是到了西域才開始學習外語）。實際，班超雖然是漢王朝西域總督的身分，但更像似西域城邦世界的汗王。。。西域城邦諸國，以及中亞諸國，草原文化是基調，班超常常 "調集" 諸部騎兵聯軍，從事進攻或防禦，對付敵國，跟匈國單于沒啥兩樣。

西元 90 年，班超調集諸國聯軍，抵擋住西方大月氏國號稱 10 萬大軍的進攻，使得絲路北道的龜茲等親匈國附漢，但這時，西域東邊的北匈國已經被**竇憲**打敗，漢匈形勢已經轉變成對班超有利。北匈國北遁後，西元 94 年，班超最後、也是最大的一次集結，諸國聯軍大約 7 萬人馬，進攻焉耆，第二年，全部西域回復為漢王朝勢力範圍。西元 95 年，班超 63 歲，漢王朝封他為侯，完成了班超青年時期的夙願。西元 101 年，班超派兒子，**班勇**（生長於西域），陪同**安息國**（今伊朗東北部）使者入朝洛陽（其實，班勇有點"質子"的味道）。。。

匈國勢既弱，班超管治下的西域，實際上，成為東方世界與西方世界接觸的交易站。歐亞草原諸部從未放棄跟西域的聯結，自古以來，西域、中亞便是草原與東西方之間的交易孔道，那裡的各國族群，互相交易、多方聯結，是基本生活方式。中國的絲綢布帛、漆器、鐵器，隨漢使者、商人西出，換回馬匹、駱駝、香料（胡椒等）、葡萄、胡桃、胡瓜（西瓜也算）、胡麻、胡豆、苜蓿，當然還有各國的金銀銅貨幣。西元97年班超派遣出使羅馬帝國的**甘英**，最遠到達了地中海東岸、"望洋興嘆"便折返了。

班超死後，漢王朝派來接班的人混不了多久，西域又失控，原因也很簡單：官僚貪腐嚴苛，不可能入鄉隨俗，也沒那個素養去瞭解別人的文化。西元107年，西域諸國紛紛叛漢，跟繼起的匈族諸部聯盟，一時之間，西域的"匈國"勢力復燃，漢王朝無奈打出**班勇**這張牌，勉強了20年後，西域才又回復為漢的勢力範圍，而東漢王朝也已臨近尾聲了。

（三） 跳不出（外、宦、官、富）統治的怪圈　西元88-220

漢章帝死後，太子劉肇繼位，為**和帝**。

繼位後，西元89、91年，是外戚、也是真正意義的漢王朝名將，**竇憲**，只以3萬精騎（包括南匈國、烏桓、諸羌的騎兵），深入匈國王庭，兩次大敗北匈國單于，勒石燕然山（今外蒙杭愛山，班固寫的銘文），北單于向北逃遁，不知所終（就是後來歐洲匈國，**阿提拉汗**的源點）。歷時229年的漢匈戰爭，至此結束。

蒙古大草原回復諸部游牧的狀態，權力真空不久便被草原左翼的**鮮卑**諸部填空進來，漢匈戰爭白打。草原帝國跟中華帝國一樣，換個莊家就是了，匈汗國的草原規制，被繼起的鮮卑、柔然、突厥、契丹、蒙古承接，也流傳千年。

漢和帝即位時，是個 10 歲的孩子，養母**竇太后**專權，重用哥哥，**竇憲**。王權專制的宮廷政治，又再一次體現為外戚擅權，竇家一門，一時權傾朝野，皇帝甚至不能單獨會見臣下。竇憲更是專橫跋扈到不行，這是個"粗人"，氣量小，有仇必報，養了一幫刺客，惹到他的官吏，即使是竇太后的人也照刺不誤，弄得京城官民，雞飛狗跳。但竇憲打仗倒真行，能把北匈大單于打滅到移民歐洲，本事大大的，可是，這樣的戰功，更加刺激竇憲野心，自己也想政變、當皇帝了。

西元 92 年，漢和帝才 14 歲，這個少年皇帝相當機智，透過貼身宦官跟親皇家的大臣溝通，決定剷除竇憲，還調閱史書，學習前人怎麼清洗外戚。。。於是，以封賞進爵名義，麻痺竇憲的提防心，召竇憲進京，皇帝、宦官、大臣通力合作，迅速兵圍竇家兄弟府邸，活捉竇憲兄弟，殺掉附從的人。看在竇太后份上，先命令竇憲兄弟各就封地，分散到地方後，再迫令他們自殺。

做為權臣、外戚，搞政治，竇憲確實是個渾人。但做為將帥，竇憲的武功，也的確非同小可。後世史書，怎麼說好呢？數據是，竇憲是真正終結"匈汗國時代"的漢將，兵力最少、費用最少、征程最遠、（犧牲恐怕也最少）。。。怎麼看，竇憲，至少"名將"當之無愧的，比衛青、霍去病還高，而且是外戰，不是內戰。

西元 97 年，竇太后死，皇帝方才知道，竇太后是養母，不是生母。但，臣下提議貶抑竇太后尊號，皇帝並不採納，只是給生母梁氏上了"皇太后"尊號，仍然將竇太后跟漢章帝合葬。看得出來，漢和帝，是個性情中人。那時，連年災荒，他自己勤政愛民，任用富於同情心的司法官（按讖緯陰陽之學的說法，整理冤獄，可以減少"冤氣"，從而理順天災）。又因為宦官貼心，擴大了宦官職權，宮廷宦權又重回政治舞臺中心。

西元 105 年，漢和帝死，26 歲，很年輕。他生來體弱多病，勤政嘛，常常工作到深夜，可以說是累死的。

歷史的偶然性在這時候，展現得不可思議，很說明了王權專制軟體裡下，人類社會各種事物展開的 "概率"，發生成為 "現實" 的狀態。人類社會所有的王權專制軟體，都給予帝王一個奇怪的任務：生產繼承人。有點像群居的動物王國，當權的雄性，可以霸佔王國內任何雌性，延續它的基因，於是，自然地，這個雄性動物必須非常強壯，統治靠打鬥（消耗體力），不斷跟眾多女性交配，同樣要消耗體力，於是，天道（自然）淘汰它的方式，便是 "老化"，老了，體力衰弱了，那時候動物王國內的最壯的雄性便起而代之。

"人道" 的軟體設計，無非避免了角逐交配權與統治權的不斷的鬥爭，家庭使得大多數族群後代的生存更有保障；王權專制則簡化了統治權的爭奪程式。

漢和帝，不幸，他的眾多后妃生產的子嗣們，都夭折了，於是，宮廷裡邊彌漫著奇怪的氣氛，大家都迷信這宮廷不對勁，於是，漢和帝努力跟眾多宮女交配產生的子嗣都送出宮、寄養在平民人家裡。宮女，宮廷女奴，不是正式的后妃，漢和帝遽然去世，留下一筆糊塗賬，沒人搞的清楚，到底有多少 "龍種" 散落民間？身分明確的一個，8 歲，但身體有缺陷，於是，根據鄧皇后提供的線索，找到一個剛出生不久的皇子，趕緊抱進宮裡、繼位，鄧皇后就此成為**鄧太后**，臨朝稱制，成為最高權力者。

結果，嬰兒皇帝只活了不到 1 歲，死了（很可能就是漢和帝有基因缺陷）。鄧太后迎立 12 歲的**漢安帝**，繼續稱制。

西元 105 年起，直到西元 220 年東漢亡，漢王朝一共經歷 10 個孩兒皇帝，只有 4 個皇帝（**安、順、桓、靈**）活到成年，王權只能在宦、外、官、軍之間找平衡點，苟延殘喘。並且，天災頻繁，西元 184 年，**黃巾之亂**爆發，中國社會崩解，勢不可免。

在這東漢衰敗的 115 年間，比較像樣、做了點事的中央政權，僅有前後兩個：最前期的**鄧太后**、最後期的**曹操**。

鄧太后，**鄧綏**，統治共 16 年。她是東漢開國大功臣**鄧禹**的孫女，漢光武帝打下天下之後，著重壓抑權貴，鄧禹是僅有的幾個例外（他很瞭解光武帝的心思，配合的特好），被留在朝廷參政，也許因為這個緣故，鄧家的家教特佳（很文）。鄧太后專權，倚賴娘家外戚，但也著意壓抑娘家氣焰，她特別下令娘家人所在地的官吏：外戚犯法，一律依法嚴懲，地方官不許偏袒。鄧太后自己生活簡約，崇尚節儉，經常特赦、減稅，為中央政府聚集民心，行事麻利、嚴格。因為喜愛文風，重用宦官**蔡倫**主持宮廷作坊，蔡倫成功開發了**造紙工藝**，是現代紙業的源點。她的宮廷裡，還出了一個大發明家，太史令**張衡**，製作出最早的天文儀和地震儀。（太史令，跟司馬遷一樣官位）

鄧太后重用哥哥**鄧騭**，鄧騭也確實學養俱佳，提拔當代大儒**楊震**為

官，深得文官系統愛戴，但這時，豪強兼併土地的社會癌症，已經無可醫治。鄧騭本人，屢次推拒朝廷給他加官進爵，自己帶頭辭官為母守喪，後來成為士大夫孝制三年的範本。鄧騭做官本本份份的，兒子收賄（一匹馬而已），還將老婆、兒子送到司法機關自首。

西元 121 年，鄧太后死，已經 27 歲的漢安帝親政，普通年輕人被長期抑制都要出問題，何況皇帝？皇帝的乳母勾結宦官，早已誣告鄧騭謀反，漢安帝立刻趁機查辦，宦官集團也趁勢迫死鄧氏一族。

楊震，辦學到 50 歲才被鄧騭請出來做官，3000 學生遍天下，當時號稱 **"關西孔子"**，教學宗旨：做人清白正直，做學問嚴謹實在。楊震做官，嚴格自律，不受私謁，自號 **"清白吏"**，廉潔勤政，任

用人才。有個被他提拔當官的學生，半夜到他那裡送上十斤黃金，說不上賄賂，報答罷了，但楊震也拒絕，留下千古名句 **"天知、地知、你知、我知"**。鄧騭被迫蒙冤自殺後，文官集團震動，紛紛上書皇帝，請求抑制宦權。西元 124 年，已經是朝廷大臣的楊震親自上書皇帝，宦官集團震動，先下手為強，楊震罷官，回鄉途中楊震自殺，成為天下名模。

西元 125 年，漢安帝死，閻皇后也找了個嬰兒做皇帝，太后專政，但嬰兒只再活了 7 個月，宦官集團回頭擁立 10 歲的廢太子，是為**漢順帝**，清除閻氏外戚。漢順帝的職位，既然是宦官集團給掙來的，當然就倚賴宦官，19 個宦官封侯。這時，漢和帝生母梁氏這支外戚，原本就是權貴一族，跟宦官勾結，漢順帝 17 歲立梁氏女為皇后，此後，梁皇后哥哥，**梁冀**，便開始專權。這是外戚與宦官集團的專權，而梁冀這個大老粗，除了專橫跋扈，沒有丁點本事。

西元 144 年，順帝死的 1 年內，梁冀操辦 3 次 "皇帝" 葬禮：① 自然是漢順帝；② 一個 2 歲娃娃，活了 5 個月；③ 一個 8 歲孩兒，太聰明，說了句 **"這是個跋扈大將軍"**，就被梁冀毒死。於是，立了 14 歲的**劉志**，是為**漢桓帝**。西元 159 年，27 歲的漢桓帝也學安、順先例，聯合宦官集團，誅滅梁家外戚集團，5 個宦官封侯，這些宦官專政，比梁冀更腐敗。

西元 166 年，許多文官、京城太學生（高級知識份子）都上書請求朝廷改革政治，引起宦官集團與文官集團正面衝突，漢桓帝下令逮捕了許多官員和太學生，終身 **"禁錮"** （喪失做官資格），這就是 **"黨錮之禍"**。士大夫組成的文官集團，這時候顯現出高超的氣節，重臣**竇武**、**陳蕃**是 "士黨" 主力，繼續上書，要求政治改革。入獄的高官<u>李膺</u>、陳寔、<u>范滂</u>雖酷刑而不改供詞，**皇甫規**（將軍級別）甚至以不在黑名單上為恥，申請入獄。

西元 167 年底,漢桓帝死,無子,**竇太后**(**竇武**女兒)迎立 12 歲的**漢靈帝**。西元 168 年,**竇武**以外戚身分,成為輔政大臣。竇武解除禁錮、並計畫除去"宦黨",不幸被宦黨發覺,劫持竇太后,並搶先出手。恰巧一批部隊從邊疆換防回京,司令官**張奐**被宦官忽悠,以為竇武叛變,這批部隊就被用來"平叛",竇武、陳藩(這時已 80 歲)反而被害。事後,宦黨要讓"平叛"有功的張奐當農業部長,張奐拒絕封賞,並上書"皇帝",要求迎回竇太后、平反竇武與陳藩、重用李膺。12 歲的"皇帝"懂什麼?於是,張奐自請入獄,罷官,返鄉,禁錮終身。發現士大夫難以收買,宦黨乾脆大開殺戒,黑名單上列名的士人被殺的數百,包括<u>李膺</u>、<u>陳寔</u>、<u>范滂</u>,流放與坐牢的近千人。

西元 169 年,山東一個得罪宦黨的士人,<u>張儉</u>,被誣陷,通緝,往塞外逃亡途中,"望門投止,莫不重其名行,破家相容"(看見人家就前往投宿,因張儉的名聲和品行太好,都願意冒滅門之險來收留他),後來宦黨清洗,家破人亡的有數十家之多,一個地區甚至因此殘破。這反映出當時社會對這些士人的感覺,很悲情。

西元 172 年,竇太后死,宮牆外出現反對宦黨的大字報,宦黨逮捕士人、太學生、以及跟他們有私怨的人,又達千人以上。

西元 176 年,地方大員**曹鸞**上書要求平反士黨、解放禁錮,結果被捕處死。皇帝這時 20 歲,已經成年,只能說,漢靈帝也加入了宦黨(皇家買官、搞錢,這裡是源點),下令:凡黨人門生、<u>故吏</u>、<u>父子</u>、兄弟中任官的,一律罷免,禁錮終身,並牽連五族。"黨錮之禍"的範圍無限上綱。

西元 184 年,發生**黃巾之亂**,全國沸騰,宦黨方才宣佈,結束黨錮,重新啟用士人,以鎮壓黃巾。兩漢政治至此,王權專制軟體下的政府,由於皇家的"人的因素",基因、身體、感情、智力等等,已經展示出相當清晰的影像:統治權不可能不分享,宮廷內有外戚、

宦官，宮廷外有文武官僚、豪富，一起對社會施加影響。“好”與
“壞”的數據，在王、宦、外、文、武統治階層裡頭，都存在，相
當隨機、而偏於壞多於好，士人算是比較好的。

儘管政治已經敗壞、天災也不斷，西元 156 年的東漢人口數據，依
然達到了 5600 萬，但此後的人禍天災，使得西元 217 年的人口，
銳減至 1500 萬左右。實際上，災荒引發底層人民暴動，是中國農
業社會的普遍現象，黃巾亂起之前 30 年間，幾乎年年發生，反映
出統治階層的管治方式大有問題（西漢文景時代，災荒也多發，但
社會相對穩定）。暴動，永遠是人類一個不得已的求生方式。

黃巾之亂，是以民間宗教形式組織起來的農民暴動，東漢統治階層
相對迷信（、五行），河北平民**張角**熟悉讖緯、陰陽、道家黃老之
術，以符水咒語給人治病（根據美國現代醫學統計，針對人類大部
分疾病，精神療法的療效，不低於 50%，專業西醫也不過 70%左右
療效），大致在西元 172 年左右，創立組織嚴密的**“太平道教”**，
廣收信徒，10 年內發展出幾十萬徒眾。太平道教的擴張，政治腐
敗、漢羌長期戰爭的耗費、土地兼併、天災、民不聊生、流民遍地，
通通都幫了大忙。於是，張角積極準備推翻漢王朝，但事跡不密，
提前於西元 184 年初發動，教徒以**黃巾**裹頭，號稱百萬眾。

朝廷以外戚**何進**為總司令，**皇甫嵩**等指揮官（包括**曹操**）一年內便
敉平了黃巾之亂，張角病死、兄弟陣亡。但全國各地非教徒的農民
暴動依然繼續不斷，殘餘的黃巾軍則於西元 188 年再次發難，中央
政府疲於奔命，不得已正式下放軍政大權給地方，讓地方大員籌
餉、募兵、自保，各地割據終於臺面化，尤其是可以招募游牧民為
兵的西北地方。至此，不但農民反叛，地方豪強也反叛，中央政府
名存實亡。天下大亂。

西元 189 年，漢靈帝死，太子勉強繼位，宦官集團支持另一個皇子，
何進召西涼軍閥**董卓**入京，準備剷除宦官，反而先被宦官斬殺於宮

內，大臣**袁紹**聞訊藉機攻進皇宮，殺光宦官達二千餘人。這時間，距離漢靈帝死還不到 5 個月。

董卓帶兵進京後，立刻擁立 8 歲的孩兒皇子，**劉協**，就是東漢最後一個"皇帝"，**漢獻帝**。在洛陽京城，董卓縱兵姦淫燒殺劫掠，權貴之家也不能免，**袁紹、曹操**以及大批官僚相繼機逃離。西元 190 年，袁紹發起討伐董卓，表面上，各地參加的軍閥很多，實際，各懷鬼胎，只有曹操獨自西進跟董軍幹了一仗，大敗，曹操本人負傷。這時，董卓看到關東不利於他，乾脆挾持漢獻帝與京城百姓西遷長安，臨行，一把火燒掉整個洛陽城，京城方圓二百里內，變成廢墟。西元 192 年，大臣**王允**用美人計誘反董卓部將**呂布**（**貂蟬**的故事唄），趁上朝時殺死董卓，夷滅董家。後來，西涼軍餘部，攻進長安報復，殺王允和大批吏民，呂布敗走。

這以後，便是長達 400 多年的軍閥混戰，中國世界再次回到戰國時期，只是"國家"的數量不像春秋戰國的城邦諸國那麼多罷了。

元末明初的大戲曲家，**羅貫中**，把東漢末年這段歷史，寫成充滿戲劇性的小說"三國演義"，膾炙人口，也許是中國史上最流行的小說。但事實上，活在東漢末年，一點也不好玩，那是人命不值錢的時代，戰亂與災荒不斷，經常發生人吃人的狀況，原來的"中國"（關中+中原）更可能存活不到三成。

三國演義的主角們，無一不是當時的權貴、豪富、或讀書人，提著自己腦袋瓜走江湖，一不小心就丟了。那時有知識的人仍然標榜"氣節"或"忠於漢室"，掩飾著個人野心或利益，就是看不到"社會責任"。。。

三國演義描繪人性，凸出忠奸形象，幾近個完美劇本，但距離史實很遠、很遠，連忠奸也是戲臺上的臉譜而已，認真不得的。實況轉播一下：在洛陽，董卓的部隊劫掠遷徙的平民，殺了男的，女的不說了，把男的首級掛在搶來的車上，以此嚇唬下一個被搶掠的對象。

張角的徒眾，有戰役失敗後、幾萬人集體投河自殺而不投降的，顯示出宗教狂熱時中國人的面貌，跟西方沒啥兩樣。至於歷史記述的形容，什麼地方是男人吃掉女人，又什麼地方是女人吃掉男人，等等等等。這些，是典型的社會崩解現象，人性回歸本能的極端。

（四） 話說曹操

史書怎麼記載**曹操**這個人？

傳統史書記載的，當然是後人寫的，或許有政治考量，但寫的是作者的筆觸：曹操，"治世之能臣，亂世之英雄"（或"清平之奸賊，亂世之英雄"）。三國演義，羅貫中只改了一個字，"英"雄改為"奸"雄，一字之差，影響至今，只能說，中國文字，太神啦。

無論如何，曹操是那時代的"雄"，對的。如果是太平盛世，他可能是"能臣"或"奸賊"，也是對的，無非形容這個人，有才幹，生性自在，富創造力，剩下的，就看機緣了。西元 174 年，小貴族出身的曹操，20 來歲做個小官，治理洛陽北區，俗話說，京城裡隨便掉下一片招牌板子，都可以砸死一個"局長"，管治權貴集中的地區，談何容易。曹操卻只管申明法令，棒殺皇帝最寵信太監的犯禁的親戚。宦黨只好把他明升暗降，調離京城。

西元 184 年，黃巾造反，曹操受命配合官軍進攻，大勝，朝廷便派他管治濟南郡國，曹操到任後整頓吏治，一次性開除 80%地方官僚，貪官汙吏紛紛逃離濟南，不消說，濟南便治好了。西元 188 年，朝廷調曹操回到洛陽，升為將官，第二年董卓進京後，他感覺不對勁，化名逃出洛陽，在陳留（今河南開封）散家財、招兵、討董，更聯絡各地、尊**袁紹**為總司令、聯兵討董（民國初年，蔡鍔討伐袁世凱的故事，有丁點類似）。

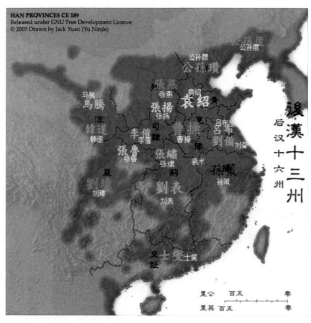

西元 190 年，袁紹的討董聯軍，內訌，無疾而終。但曹操堅決討董，打了幾個勝仗後，袁紹發表他為東郡太守，相當於今天的專區首長。西元 192 年冬，曹操擊敗山東北部的黃巾軍，收降人口與精銳達百萬以上，從此有了一塊地盤，之後兩

圖源：維基百科，東漢末年。作者：Yu NinJie

年，連續向西發展，屠滅徐州附近地區，這個政治錯誤，引發不滿，部下引進**呂布**。

到西元 195 年，曹操三敗呂布，基本上堅固了黃淮之間的地盤。在這期間，人的"關係"，分分合合，很複雜。曹操固然差點頂不住，一度想投降袁紹，兩人原來便是好友。**袁紹、袁術**是親兄弟，當時真正的權貴世家出身，打天下嘛，互相為敵。**劉備**，號稱皇家宗室（那時劉邦後代，恐怕有幾十萬人），地盤在徐州，一心想當皇帝，被曹操打敗，便投靠袁紹。各地稱王的劉家，無不有"恢復漢室"的政治號召。而曹操捏住了正主兒，漢獻帝。

西元 196 年，曹操迎漢獻帝、並將漢朝廷遷都到許昌，**"挾天子以令諸侯"**，到西元 199 年，幾經戰爭，才控制了黃淮之間廣大領域。

西元 200 年，曹操以極劣勢兵力（也許是 1:10），最終擊潰南征的袁紹軍，全靠"智慧"。首戰靠奇襲，贏了立即後撤到許昌北邊的官渡（今河南中牟），對付追兵的辦法，是把輜重財務"棄"在路上，讓袁軍兵士爭搶，曹操率僅有的騎兵再次奇襲，大勝，袁軍震動，於是，曹軍穩住官渡，跟袁紹大軍對峙。後來，得到袁紹後勤補給站的情報，自率 5000 人馬夜襲，火攻，又大勝，袁紹大營聞訊潰敗，陣亡達 7 萬人。曹操清點袁紹大營，得到不少曹營人馬給袁紹的往來信件，當眾燒掉說：袁紹當然很強，我自己都差點頂不住，何況大家呢。。。（光這一點，古今中外，極少極少統治者做得到，大多是揪小辮子、秋後算賬的）

西元 206 年，曹操統一了北方，但袁紹死後，兒子們向北投奔**烏桓**。於是，西元 207 年，曹操進兵遼寧，走間道進攻烏桓，突襲到了烏桓老巢（遼寧朝陽）門口，烏桓才發現，烏桓王陣亡。袁紹兒子們投奔遼東軍閥，曹操並不追擊，班師回朝。不久，遼東軍閥果然殺了袁紹兒子，向曹操求和，夯實了曹政權在華北的統治。

西元 208 年，曹操開始南征，先打下荊州（今湖北襄陽），沿漢水進入湖北，自己帶 5000 騎從襄陽長途奔襲，在長阪（今湖北當陽）大敗劉備，取得江陵（現在的湖北荊州、春秋戰國是楚國的郢都）。劉備殘軍 2 萬向東到武漢，跟佔有江南大片領地的**孫權**（東吳）聯盟抗曹，孫權當然擔心曹操進佔長江上游地區，直接威脅到下游的孫吳政權。

孫權派**周瑜**領軍 3 萬，孫劉聯軍在**赤壁**（離武昌不遠）隔長江與曹軍對峙。然後，便發生中國民間最常聽到的**火燒赤壁**。周瑜用的計策是，軍棍修理**黃蓋**，黃蓋向曹軍詐降，10 艘"水軍"（小船偽裝，滿載淋上油脂的柴草）得以靠近曹軍鏈結的船隊，接近時，點火，藉風勢引發曹軍船隊大火。曹軍大敗，曹操急忙撤退。

116

三國演義的戲劇效果奇佳，中國人都知道"瑜亮情結"（"既生瑜，何生亮"）。實際，這不合人情。史書記述的**周瑜**，不是暴發戶，權貴出身，受到良好教育，沒有心理缺陷，年紀青青的，20來歲，已經是孫吳政權的"大將軍"（3顆星的將官唄），娶的是東吳王后的妹妹（大美人一個），他本人也是帥哥一個，雍容大度，富貴名位都不缺，沒理由、也應該不會小氣到去嫉妒**諸葛亮**，這兩人沒啥可比性，諸葛亮那時不過是一個還沒撈到地盤的宗室軍閥（劉備）的師爺(幕僚長)。

赤壁之戰，主要是周瑜的功勞。

回到老窩的曹操，大概體會了一口吃不出個胖子來，便沉穩地安定內部。他其實很有文采，字寫的好，詩文更佳，漢獻帝的朝廷在曹操管治下，**"上馬殺賊，下馬草露布"**（露布，就是佈告或戰報），文風很盛，所謂**"建安風骨"**（建安，漢獻帝的年號），就是**曹操**與兒子**曹丕、曹植**等當代文人的文章特色，充滿亂世現實的悲情與慷慨，流傳至今。那時候，人口劇減，曹操很務實地網羅人才，不問品行（不在乎士人跳槽），不問家世（不須士族出身），只問才幹。

西元211年，曹操轉向西北發展，兩年內底定陝甘地區。西元215年，鑒於劉備已經取得四川地盤，曹操肅清漢中地區（川陝交界），關上劉備軍進出關中的門戶，但西元219年，劉軍派**關羽**（後來民間信仰的"關公"，"義"的化身）領兵，一度進佔荆州，孫權顧忌上游劉備的發展，便反過來聯合曹操，攻佔荆州、江陵，殺了關羽，曹操發表孫權為荆州領主。（更早些時，曹操曾兩次親征孫吳，迫使孫權結親，所以，這時候的孫權已經是親家。並且，北方邊境多事，曹操還派兵大敗寇邊的烏桓、鮮卑聯軍。總之，典型的戰國故事，各大勢力，隨時合縱連橫，打來打去）

西元216年，曹操稱"魏王"，當然，表面上仍維持漢王朝皇帝封王的程式，但已成為實質的"皇帝"，同年，趁南匈國單于來朝時，將分布在邊界內側(河套至晉冀北部)的南匈國分解為 5 大部，"匈國"至此，正式畫上歷史句號。

西元 220 年，曹操死，魏太子曹丕繼位，同年，漢獻帝"禪位"，曹丕改國號為"魏"。東漢王朝也正式畫上歷史句號。

曹操一生，自己領軍遠征四方，算得上勤勞，而且算得上自己打的天下。當政之後，地方殘破，重申土地兼併的律法、以壓抑豪強，用平民知識份子為官，以身作則，注重效率與廉潔，使社會風氣轉回勤儉，算得上智慧。(當時割據的統治者們，無不屯田、興修水利，以恢復農業生產、增殖人口，這些只算得是起碼的基本功。劉備、孫權，本身生活奢侈浮華，不值一提)

史書記載曹操自己說的："如果沒有我這個人，天下真不知會有多少人稱孤道寡"（人人都當王，會多亂呀）。

孫吳的特使，假惺惺故意勸進曹操自己做皇帝，曹操回答說："想讓我坐在爐火上烤呀？"。

曹操的智慧，不一般，他雄定了。

《漢代的中國文化基調》　　小農經濟＋漢儒文化

東西兩漢（含新王朝在內）共 422 年，龐大而統一的國家機器，把人口、經濟、文化都領先的黃河流域文明，普及到王朝管治下的全國範圍，〈長期的教化＋混同的生活方式〉下，人腦裡的認同軟體起了作用。

華人＝ 漢人，漢式 "儒文化" ＝ 中華文化，便這麼形成了。

既然黃河流域 "中國" 式農業文明，經過夏商周秦漢的王朝演化與擴張，成為廣闊幅員裡的生活基調，漢王朝又維持了四百多年的統治平臺，成為今後續起的王朝的管治範本，歷代華人、現代華人，無不有著 "漢代" 與 "漢人" 的烙印，軟體如此，硬體也如此。歷史記述裡的 "漢代" 模型，以及，當時 "漢人" 的實際情形，當然值得我們多花點篇幅去瞭解。

明白了漢代，就更容易理解後來的朝代、以及那些朝代裡的前人，包括現代華人與中國人自身。

我們看歷史，一定要 "後來有先見之明"，把發生過的事，跟當今正在發生的事，聯結起來看，啊，原來如此。對我們來說，前人跟今人很不同，他們是昨天的外國人，沒有手機、電視、飛機等等的生活，怎麼過的日子？不一樣的生活方式和想法，活像個今天的外國人，然而，中國人、外國人，大家都有相似的社會結構、相近的道德標準、相通的思想和情感，古今中外人類怎麼做到的？ "人之道" 就在這些 "後見之明" 裡頭了。

漢王朝從西漢開端時到東漢結束時，中國人口幾乎在同個數量級，大致沒變，1500 萬左右，但是，前後跨度 422 年的數據記載，最高點兩次到達過 6000 萬左右，在科技與疆域都增長的情況下，顯然，發生了許多政治之外的事件，影響了當時的中國社會。

〈甲〉　經濟

（1）　生產與技藝

戰國時代，秦在陝西的（小農耕戰 ＋ "法治"）策略造就了強盛的秦國，被當時中國世界的各國採用，而只有秦王朝能夠以此做到武力統一中國。原因其實很人性化，秦的 "法治"，是一種 "紀律"手段，嚴刑峻法，跟**信賞重罰**，是平行使用的。平民百姓，前有軍功升爵的胡蘿蔔誘惑、後有刑罰殺戮的棒子驅策，對國家機器的法規，人情自然遵循。 "中央集權"，實際是 "統一紀律"。

從社會經濟看，當時的科技，針對黃河流域的生態環境，擴大農耕面積，是最有效的生產方式。秦王朝實施小農經濟政策，很成功，經濟與人口都大幅增長。

漢代牛耕磚雕

漢王朝，自然也想不出更好的法子（或許，根本沒想過換條路走，風險太大），於是，農民人口編入戶籍，成為國家機器的稅源、兵源、役源的小農經濟體制，便沿襲下來。農政，農業科技的改善（農作物的選種、耕種程式等）、農民副業的推廣（種植麻桑、紡織、手工木作等）、水利、開荒等等相關的工作，也成為漢政府的重要職能部門。

漢代農業技術，鐵器的大量使用，以及，牛耕，使得黃河流域的農業文明，翻土深耕和刀割收取，普及到南方稻作區域，大大提高了農業生產力，釋放了更大比例的人力，用於其他經濟活動，包括建築、紡織、工藝品的製作等。從出土文物看，製造技藝已經相當成熟、亮麗。

漢代文化，包括文官體系，較之同一時期世界其他地區的文化，更為"先進"。尤其是西元105年，東漢**蔡倫**造出近乎現代意義的紙張，比西漢紙更薄，成為中國人的一大發明。

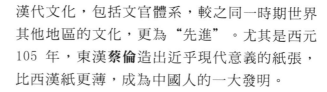

漢代田地1畝，約相當於現在0.7畝，當時正常產糧約1.2-2.2石之間。現代學者統計東漢有戶籍的墾田數字，在西元（100-150）間約近700萬頃，5000萬口人，一般正常年份，可產出17±5億石糧食，農民自留吃用約該3-4億石左右。真正情況，或許比這數字稍大，因為權貴豪富兼併土地，使得農民戶籍和實際墾田數量都虛報少了。

雖然當時的川、鄂、蘇也已進入開發階段，但黃河流域仍是主要產糧區、人口區、經濟區，占到全國85%左右經濟比例。所以華北災荒的話，影響極大，因為荒年大面積減產、或顆粒無收，是發生過的現象。中國的農業社會，雖早已習慣於囤糧，但大抵經不起連續兩年以上災荒，包括旱、澇、蟲、疫、戰。

漢代交易媒介，包括糧、帛、錢。漢代官吏的薪俸（"秩"），以糧帛計算的，當時農民5口之家食用，一年不過30石糧，中央級官員，大致400石以上薪俸，1000石已經是部長級別待遇；東漢時，部分折算為錢。實際，漢代工商相當發達，銅錢成為主要通貨。那時的錢，標明重量的，秦"半兩"（今7.8克）、漢"五銖"（今3.3克重），含銅量，漢略大於秦二成

左右，是貨真價實的交易媒介，囤積錢或囤積銅物資就跟囤積財富一樣，是比較真正的"通貨（貨幣）"概念。雖然是比較可靠的"通貨"，但商業交易所需的物資流通受限於運輸交通（車馬、道路、船隻），地區一時的物資緊張，很容易引起對比於銅的價格的大幅漲落。

那時候人們的"經濟"行為或思想，自然跟現在不大一樣，比如"財富"，錢，容易被掠奪掉，農業國家嘛，土地又是生活必須的糧食的必要生產資源，於是，"有土斯有財"，有了錢，就買田地唄。

土地兼併，是那時候的一種經濟方式，相對穩當的投資。窮人投資讀書做官，更是政經社各方面都有好處，幾乎沒有風險，最多書沒唸好。

漢代五銖錢，做到了秦始皇沒做到的貨幣統一。漢武帝之後，中央政府嚴禁私鑄銅錢，但隨著工商業的繁榮，流通的大量需求，加上那時中國地廣人稀，比現在中國幅員略小，人口只約現在的 1%-4%，朝廷難以完全查禁私鑄（從禁令宣佈的次數，反映出私鑄的存在），只能說大致上，貨幣是統一的，市場上，無非自然發生"劣幣驅逐良幣"的市場規律，（偽幣）私鑄銅錢的重量、成色，當然比不上官錢。

現代學者估計，西漢政府發行五銖錢，從西元前 118 年至西元 6 年，就共約 280 億錢，東漢政府到底發行了多少銅錢，不知道。

東漢末年，董卓進佔洛陽後，曾毀掉五銖錢，改鑄小錢，市場秩序大亂，10 年後，曹操在許昌的政府一度試圖恢復發行五銖，但已經力不從心，可以看出漢末經濟與人口劇降的一斑。

西漢武帝的京畿糧價，每石大致在 20 錢至 90 錢之間。

東漢的京畿物價，大致：

1 個奴婢＝4 萬錢＝20 畝地＝2 頭牛＝400 石糧，合每石糧 100 錢。顯示，要嘛，通貨膨脹，要嘛，物流管道阻塞／或糧食減產／或另有原因。產地的農民賣糧，每石不會大於 50 錢。

（2） 稅賦

前面，我們估算過文景之治時期的平民負擔。主要是每口每年的，成人的人頭稅和小孩的口賦，漢武帝把人頭稅增加到 120 錢、口賦增加到 23 錢，之後直到東漢亡，再沒減少過。東漢中期，農戶配地約百畝，中央政府基本稅收如下：

田賦：收成的 1/30；　另加，芻稿稅：每頃（百畝）55 錢
算賦（人頭稅）：成年人，每人 120 錢　（商人、奴婢，加倍）
口賦：兒童，每口 23 錢（其中的 3 錢，專為養馬，算是 "馬賦"）
戶賦：每戶 200 錢
更賦：成年男子，每人 300 錢
獻賦：成年人，每人 63 錢
農民五口之家、耕 100 畝地，（每戶平均按 3 大 2 小、1.5 男子計算）總負擔合計 ＝ 1426 錢 ＋ 收成穀糧的 1/30。

所以，耕田 100 畝的 <u>5 口之家</u>自耕農，若平均年收成每畝 1 石，自家需吃掉 30 石（古人今人，吃的胃口沒大變化，毛澤東的傳記、姚依林的調研，都是這個數據），田賦 3.3 石，餘 66.7 石，可換到 3333 錢（產地收買價，每石 50 錢）。但戍役、地方攤收等等，至少 600 錢（不戍邊的代價是男子一生每人 2000 錢，平均每戶每年需繳納約 100 錢。地方攤派，沒數據，就當它每口 100 錢，算客氣了）。地方官僚的好處，主要來自濫收規費與徭役，不然也不會一談到 "整頓吏治" 便成為統治者的莫大功勞。

大致，東漢 100 畝地的自耕農（約今 70 畝地），到手的，不會大於每年 1307 錢，政治體制的維持，約占掉農民年產出的 44%，這是兩漢的常態，估算不會精準，各地一定有所差異，但這是個很有代表性的參考點，至少是正確的數量級。

史記記載，西漢武帝時代，一般布價每匹 300 錢左右，麻布每匹 200 錢左右，漢代的一匹布長 4 丈，合現在的 9.2 米，史記記載一匹布也就只能做一件衣服（也許是夾衣吧），東漢物價至少是西漢的 2 倍，5 口之家的基本穿衣，就算平均衣穿 6 年（麻與布，單、夾衣各一件），每年布錢也要 1000 錢。而農民吃飯，必少不了吃鹽，東漢鹽價大致每石 800 錢（每斤 6.7 錢，漢斤合今 220 克），一年也得數十錢。可以說，漢武帝之後，基層的小農戶，平均每年的勞作，存活之外剩下可花用的，大致每月 20 錢，應付其他的生活所須，用具、婚喪喜慶、社交、等等。難。

總之，兩漢社會的基層農民生活，幾乎沒有抗風險能力。

整個漢代的史實，清楚的反映了："休養生息" 是政治話語，"整頓吏治" + "抑制豪強"，才是管治的法寶。

◆ 從西漢文帝開始，皇家對災荒的處理，經常是 "開放山林河澤之禁"，以安置 "流民"。山林河澤或皇家庭園（包括陵園）屬於皇家 "私產"，不允許在那裡頭伐木、開礦、捕撈、打獵、墾田，開放一部分給 "流民"，流民是什麼人？不就是逃離家鄉的饑民嘛，讓饑民有地方可以安身過活了，暴動造反搶掠的事件就減少了。

皇家私產多，這當然是個辦法，也是個政治姿態。但漢文帝為什麼不叫官僚地主豪富也分擔一點責任呢？因為，人情嘛，顯然，皇家不帶頭，哪能使既得利益集團也分點利，於是，這叫 "不與民爭利"，他是沒辦法，指揮不動。。。

基本上，漢文帝之後，大腦清楚的帝王，景、武、宣、光武、明，都十萬分明白，整頓吏治 ＝ 不准官吏過分剝削，抑制豪強，也是一樣意思。無非，王權從來不可能絕對，王權與官僚豪富，"共治天下"，這是現實，怎麼有效執行（整頓吏治 ＋ 抑制豪強）、增加基層平民的抗風險力，就是他們的智慧。

♦ 漢代最後一個實質的統治者，治亂世的曹操，也做類似的事。

但他更進一步，取消人頭稅，改為"戶調制"。這更近於治本，使此後中國王朝稅賦趨於合理。

<u>曹操的"戶調制"</u>：

每戶絹 2 匹(約 1200 錢左右)、綿 2 斤(40 錢左右)。擁有土地者，田賦定額每畝 4 升糧（按每 100 畝地徵 3.1 漢石的糧）。戶稅制，簡單明了，地方官不得隨意攤派，大地主也難以轉嫁。地方雖不能隨意攤派，中央卻不可能沒有規範戍役（軍費）和地方規費，仍按 600 錢計算，這樣，曹操時期的小農戶，正常年景的收入有 1505 錢，則政治體制的維持，共占農民年產出的 40%，基層人民的日子僅稍微好過一點。

現代學者仔細解析過秦漢稅制，雖然都是取之於民的錢糧，但稅、賦等名目，以及管理的衙門，那時當然也有許多名目。

我們需要知道的是：
漢制是全盤照抄秦的辦法，而商鞅變法之後的秦王朝，實際是建立了（中央集權＋ 資產私有＋ 小農經濟＋ 針對<u>土地</u>和<u>人頭</u>來抽稅）的制度。

秦王朝的戶賦、田租（地稅）和人頭稅（軍賦，即軍費），歸中央財政。秦皇家本身就是全國最大地主，獨享園林河澤礦產之利（傭、佃租）。

漢王朝在秦代基礎上，莊園山林河澤礦產之外，皇家還額外斂取人頭稅的徵收（口賦與獻賦），因此，漢皇家財政收入甚至超過中央政府收入，大致是 2 比 1（漢武帝時代，約 80 億錢對 40 億錢，所以，武帝對匈戰爭常"自掏腰包"）。

漢皇家自己帶頭以權謀私的暴斂，官吏自然跟著貪腐，成為整個漢文化習性最壞的基因。這也是為什麼"生活簡約"的皇家，一般都成為史上的"好皇帝"。

（3） 災荒

或許從災荒史，更能看明白漢代實況。

兩漢是災荒相當頻繁的時段，即使在"盛世"時期，仍引發大大小小的農民動亂，所以，漢代國家機器不斷以"流民"數量，做為地方官僚的績效標準。相應的管治措施，包括刑罰、水利、漢儒文化的推廣，一系列硬體、軟體安裝，影響整個中國社會、以及後世。我們需要還原當時的自然環境面貌，藉以瞭解，除了（王權專制＋小農經濟）之外，中國文化形成的深層因素。

根據現代學者統計史書記載的數據，兩漢 422 年間，共發生 361次大型天災：

旱災 81 次，水災 76 次，地震 68 次，蝗災 50 次，冰雹 35 次，風災 29 次，瘟疫 13 次，霜雪 9 次。因為當時的人口與經濟中心集中於黃河流域中下游，這些統計數字，主要反映了這個地區的記錄，而且不包括 14 次大歉收引起的饑荒（估計也是氣候異常的原因）。成"災"且載入史書的，生命損失，少則千人，多則上萬的數量級。

兩漢之間短暫的新王朝時期，西元 14 年，黃河大改道，直到東漢明帝時期（西元 71 年）完成修浚黃河，這 57 年間，黃河沒有堤防約束，下游一碰到汛期，經常氾濫、改道。

從大自然的角度，黃河流經黃土高原，沖刷的沙泥，原本就是填出安徽、山東、河北平原的原因（我們在第一章裡已經敘述，山東原本是孤島，黃河長期的淤泥，填出了華北平原）。而中游的堤防，歷代只能不斷加高加固、並儘量挖出沉泥，於是，黃河中游一直就是"懸河"，河床早已高出地面，只會繼續升高。千里堤防終究是以人工對抗自然，漢代之後，黃河改道也不止一次。

科學地說，以中國之大，發生地球自然事件，並不特殊，無非人群受到影響，稱之為"天災"。漢國家機器面對（天災→饑荒→難民→動亂）這樣的事件，當然要發動救災，避免災區社會崩解，危及整個王朝。但，從兩漢數據，已經可以看出許多寶貴經驗：

災荒的生態面

① 漢初承平一個世紀，社會繁榮而貧富懸殊，基層農民之上，估計存在著 10%數量的小市民和權力階層，吃穿用追求時尚享受，並且養成厚葬風氣，宮室棺槨大量使用木材（每墓用木為百立方米數量級），加上平民人口暴增（估計農民 5 口之家，每年需 1800 公斤燃材），使得黃土高原森林大大破壞。

政府與民間，那時當然沒有環保意識，即如皇家放鬆山林之禁，結果，森林、動植物種遭殃，獵光（吃肉、皮毛穿衣或賣）、砍光（可以賣錢）、燒光（取暖＋燒飯＋墾田）是常事。開礦煉銅鐵，就更不用說，燒的都是木材。

西元前 132 年，漢武帝時，黃河決堤（今河南安陽附近），可以說是自然的小災（上游多些雨水）、人為放大成大災（中游堤防不夠力），氾濫達 16 郡。中央政府動員 10 萬人救河，幾乎砍光附近淇水沿岸的竹林，塞住黃河決口，堤防是重建了，但此後"河患"越來越嚴重、也越頻繁。2 百年後，路過淇水的人記載"不知有此物（竹子）"，後來，連淇水也沒了。

今天黃土高原上，到處被雨水切成一道道深溝，直接是漢代前人"經濟發展"的結果，黃河中上游，丘陵高度以下的原有牧草與森林絕跡，成為田壟，水土失去了植被的維護，水流便直接沖刷鬆軟的黃土，最終匯集流進黃河。東漢覆滅後，人口劇減，這裡植被漸漸恢復，成為內附各部（匈羌等族群）的放牧地（前面馬援的故事，東漢那時他還可在這一帶游牧），黃河下游反倒安份了幾百年。

② 秦漢的小農經濟，（人口＝國力）的制度軟體，是以黃河流域的生態破壞為代價的。千年後中國的人口與經濟中心南移，天災引起的災荒便也南移到安徽（淮河流域）、四川（長江上游），長江流域的生態的破壞，跟黃河如出一轍。

③ 曹操挾天子以令諸侯的西元 196 年之後，陸續爆發瘟疫，10 年內，黃河流域人口損失過半。到底是什麼流行病，現已不可考，大抵是地方殘破、衛生下降，造成的傳染熱病。當時的名醫，中醫祖師爺之一的**張仲景**，為此輯錄了多年的治病心得，寫下**"傷寒雜病論"**，成為中醫第一部醫理、醫法、藥方、製藥俱全的臨床醫學範本。

<u>災荒的政治面</u>

① 漢初到漢武帝晚期，100 多年間，災年的流民死傷慘重，可並沒有發生重大造反事件。主要是漢高祖與文景帝自己生活不奢華、反應迅速、開放皇家私產以儘量安置難民、政府發放賑糧或賑款，儘管還是有貪官汙吏冒生命危險，扣克糧餉，大抵差強人意。漢武帝，以外戰繃緊社會神經，吏治更嚴，處理災荒

算是有效率的。但就在武帝任內，西元前 99 年，西漢發生第一次動亂，關東 "盜賊" 大造反，起因不直接是災荒，而是老百姓受不了武帝的暴斂了。

② 漢王朝是人類最早的大型中央集權的國家機器，以 2000 ± 200 年前人類的初始科技，管治這大塊地域上的這麼多人群，在資訊、交通、運輸、統計、監督等各項軟體硬體都還原始的狀態下，如果碰到災荒，我們換做前人，會怎麼做？

災區打開官倉的囤糧賑災，那是一定的。
難民數量大到開倉也不夠呢？政府只好發錢，錢不夠，加緊鑄發唄。

可是災區的糧價已經不是每石數十錢了，可能飆到數百錢以上，明知便宜了手上有囤糧的大戶人家（或官倒），開只眼閉只眼唄。指望商人見到利多，自然會運糧過去。盤算正確，也合人情，只是，當時的交通和**運輸**條件就那個水準，運糧成本太高，不現實。於是，每次災荒，政府花了大錢，送進官僚豪富腰包，最終，錢花了，還是得允許流民轉移出災區就食。

管治法寶的（整頓吏治 + 抑制豪強），這時不怎麼管用，救人要緊嘛。災荒多，鑄錢多，流入民間官僚豪富的錢就更多。錢太多，往後，貧富懸殊更大，土地更集中、更多農民賣身為奴婢（或成為佃農），就成為社會和經濟問題。

③ 因為資訊、統計、監督等軟體缺失，嚴刑峻罰又止不住人性貪婪，也看到一些比較無私辦公的好官，於是，政治上勾畫了 "儒文化"，冀望臣民能夠自律與忠誠。這個教化軟體，在科技還不發達的年代，也許是當時中國人的最佳選擇，對比西方文明選擇宗教，意思一樣的。

從災荒史看，漢代中國、以及後來的歷史輪迴，中國文化，中國人，跟王權專制有關，跟小農經濟有關。也是要到現代才看得出來，小農經濟對中國生態的破壞，其實也影響了中國文化成為儒文化那個模式。教化，無非是向善的，但無論什麼"儒家"，都是吃五穀雜糧的人，存在人性的弱點。

其實，西方文明也類似，西方文化，西方人，他們的戰爭與和平，跟王權專制有關，跟工商經濟有關，目前還在興頭上，但現在也開始顯現出工商經濟對全球生態的破壞。西方世界的前人選擇了宗教為教化軟體，也是古早那時，針對西方多元的經濟與族群社會，不發達的科技所能給出的最佳政治選擇。所有的教化軟體，都是向善的，而無論什麼宗教也都是人造的，自然也有人性的弱點。

人性弱點，貪婪，政治上的反映，便是王權專制，打天下、平民變為貴族，權錢交易、官僚與富商變為豪強。政權與金權的"權力經濟"下，文景時代尚可抑制貪婪，社會遇到災荒，還能有序運轉，漢武帝末年，不是災年，而社會已經失序、人民造反了。

〈乙〉 漢代的文明

（一）思想

漢代國家機器，一套中央集權的統治軟體實現了王權專制的安裝，這個政治現實影響了人情，威權之下，人腦思想的表達，變得相當隱晦。比如，陰陽、五行、讖緯之說，本質上，是一套聯結自然與人文的思想理論，在兩漢天災、內外戰爭頻頻發生的情況下，這套"命理"多少給了當時人們一個"合理"的解釋與慰藉。東漢時盛行到（迷信到），把它糅合進入對古籍的注解中，連史書也經常記載"算命的說…"（當然，不排除真有"預知"的可能性存在）。陰陽五行思想，可以算是漢代特色，文官集團以"天命"來"約束"專制王權。

綜觀兩漢文士，表達出自己獨特而超越的思想的，有兩位：西漢**司馬遷**，東漢**張衡**。他們的官銜都是"太史令"，太史令是宮廷史官，編寫歷史之外，起草皇帝文書、管理國家典籍、以及天文曆法。古時，這是最好的研究環境與職位。

（1） 人文科學工作者，以**司馬遷**（西元前 110 年前後）為代表

司馬遷，不就是"史家"嗎？但是，**史記**，明顯傳達出他的思想，自成一系，跟所有"家"不一樣：求真。他是那時中國罕見的"社會科學家"，盡到知識份子落實真相的本份。史記的結構，反映了司馬遷的思想：盡可能如實表述數據或現象，並給予合理邏輯的評論。

比如，他分類當時的重要知識或社會數據，綜記為"書"，有禮（倫理秩序）、樂（音樂）、律（自然數學比率的"率"）、曆（曆法）、天官（天文）、封禪（祭祀天地）、河渠（水文與地理）、平準（經濟）。前五書，禮樂律曆天官，記述前人對自然的知識和邏輯，老

實說，今人看不大明白，現代意義不大，橫豎有現代科學為憑，但從中可以窺見古人的推理模式吧。後三書，是漢武帝當時的社會寫實，讓數據說話，批評政府政策，這比儒官拿災異或天人感應來說事，更實在、更直接。

又比如，"列傳"記載當時社會名人的故事，分類有，儒林（儒士）、滑稽（說客）、遊俠（近似黑社會老大）、貨殖（商人）、龜策與日者（算命的）、循吏（盡職的好官）、酷吏（嚴苛的官）、佞幸（宮廷寵臣）等等。記述每個人與當下社會實況，事件翔實，文字生動，給每個人的評語也很實在，因為每個人的品格都記載在行為記錄裡了。

列傳的取材與記述內容，折射出西漢前期，特別是漢武帝時代的社會實況，評說，則反映出司馬遷的獨特思想。貨殖列傳與平準書，可以看出他已經具備經濟學意識。（儒林+遊俠+滑稽+循吏+酷吏+扁鵲倉公）列傳，可以看出他這個"儒"，至少是個深入觀察社會的知識份子，也注意各種人情與"術"，還注意周邊鄰國情況，有點國際觀（司馬遷對匈國的記述，是匈國歷史最早的文字記載，對其他漢王朝的鄰國也一樣。沒有這些記載，周邊族群的歷史，會成為永遠的謎團）

司馬遷記載漢武帝"絀抑黃老，崇尚儒學"，班固記載則是"罷黜百家，獨尊儒術"。總之，此後，漢代文教，"儒家"獨大。司馬遷記述"儒林列傳"，表彰**董仲舒**等名儒學者在辦學教育上面的貢獻，特別推崇董仲舒為人與做學問的品格，也針砭儒士各自的德行和學問功力。

基本上，司馬遷是以一個知識份子的真知角度，來對待"儒""商""官"等行業，並把各個"人"的貢獻、行為、官位、與學問分別看待。

這樣子的思想邏輯，已經初具現代 "科學" 求真的思維了。

（2）自然科學工作者，以**張衡**（西元 100 年前後）為代表

張衡是東漢中期的大知識份子，**鄧太后**當權時召進宮廷為太史令，他的傳統學問和文章（當時流行駢麗的 "賦" 體文，楚辭是源點）都上上乘，他發明的渾天儀（天體測量儀）、地震儀、以及對宇宙的論述等等，算是 "儒術" 的 "術" ，可惜沒有傳承下來。

"術數"、包括科技，當然是知識份子的責任範圍，比如，長期積累而成的應用數學書籍，<u>九章算術</u>，兩漢知識份子不斷繼續完善，東漢後期定版、收輯 246 個應用實例，包括開平方、開立方、簡單的方程、負數運算等的解法。千年後，傳到阿拉伯、印度，他們稱為 "契丹演算法"。實際上，中國算術，自商王朝起就是十進位（並且具備 "零" 數），真正演算則使用 "算籌"，大約戰國時期開始，算籌固定在 "算板" 上，便是 "算盤" 的原型。既然是 "術" ，被 "儒家" 認為是 "雕蟲小技" ，其實，歷代知識份子對算術的改良，貢獻蠻大的，但幾乎沒有人原意專心搞清楚數理。漢初的計相（管計畫的副總理）**張蒼**，為了培訓、提高統計人員的算術水準，整理了相沿下來的 "九章算術"（但已經有 "負數" 概念），僅只聚焦於算術、丈量土地的應用。

知識份子 "術" 的書本依據，經常是 "易經"，易經可以說是中國古人的自然科學的哲學。歷代知識份子，能超越這個框框的，都可算是思想解放的人物。例如曹操時代的中醫**張仲景**，從經驗數據裡，找尋臨床醫學規律，他的方法學，使他成為中醫宗師。而漢代集體創作的中醫巨著 **"黃帝內經"** ，就大致不脫易經與陰陽的邏輯。

現實地說，中醫的 "術" 捍衛了中國人的衛生幾千年，中醫怎麼解釋理論，並不頂重要，中醫方子的數據與實效，更重要。而中醫的

"醫德"，給 "儒" 的實際社會效用，提供了許多 "儒術" 在中國社會發揮的真實例子與數據。儘管沒有太多人注意到，但 20 世紀之前中國社會上的中醫，大半具備真正意義的醫德，為人民服務，現代之前的 2000 年裡，中國社會受疾病折磨的程度，遠比同時期的歐洲輕。

現代之前，張衡以 "儒" 的文章留名，他的賦，流傳了下來，他的術，被中國社會遺忘。。。西漢初期還稍微平衡的 "儒術"，東漢時簡化成 "儒家" 了，讀書人功利化，越來越少人知道 "術"。術，科技或技藝，需要解析的邏輯，以及練習的苦功夫，考試又不考，對做官沒好處，張衡當時的知識份子就已經不大懂他的 "術"、只知道他的 "儒"。

現代知識份子發現，張衡的宇宙觀，是當時最先進的天文物理學，具備科學思想原型。張衡做實驗，自己觀測日月的數據，相當精準，並且準確解釋了月蝕的原因。他的數理邏輯思想，自然不會完美，但一百年後，得力於張衡的基礎，魏晉時期的 **劉徽**（西元 250 年前後），以微分的近似逼近法（跟現代微積分的方法學相同），在西元 3 世紀就取得圓周率 π =3.1416 的成就，成為中國最早的 "數學家"。（這數值當然現代也沒變，方法學正確，數值推算也會精確）

張衡對 "術" 的鑽研與做實驗的嚴謹，求真，給功利驅使下的中國知識份子保留了一條真正貢獻社會的路子和榜樣。這也是 20 世紀早期，清華大學物理系創辦人、後來的清華校長，**葉企蓀**，"科學救國" 的真諦。

（3）儒學的興起

春秋戰國時期的中國世界，知識份子，百家爭鳴。秦始皇採納李斯的建議，燒掉各國史籍與非技術類書籍（那時的各國史籍，是各國史官寫的，除了是各國正式的官方記錄之外，主要為了教育各自的

134

統治階層，所以，秦始皇燒掉各國官史，以便統一思想口徑，不准私藏，只准政府官藏）。項羽進入咸陽，燒掉秦宮室，秦的皇家圖書館藏書也付之一炬。漢興之後，劉邦再次進入咸陽，**蕭何**接收先秦政府單位，集中保存了秦王朝行政檔案和圖錄，才得在秦律基礎上制定漢律。

同時，持續搜羅民間私藏的典籍，大致恢復了先秦各代各國的史籍，以及，諸子百家的著作，把中國古人的知識留傳了下來。

春秋戰國時期的知識份子，可以讀到兩類書籍：

一類是周人集體著作的古籍，詩、書、易、禮、樂，課題包羅萬象，政治、經濟、社會、自然、科技、哲理、音樂、詩歌，無所不包，是周王室保留下來的書寫的知識。

另一類是春秋戰國當代人的創作，所謂諸子百家。當然，能夠讀書寫字才能夠寫作，古籍，是那時候所有知識份子上學的必讀書，那時候能讀到的書並不多。在這個意義上，讀書人就是“儒”。

儒家的“儒”，做為門派，是後人定義的。

“論語”書裡，春秋時期的孔子只用過“儒”這個字 1 次，比較是“知識份子”的意思。“孟子”書裡也只出現過 1 次“儒”字，戰國中期的孟子本人沒用過這個字，是別人提的，這個別人的提法，似乎有點“儒”門的意思。到了戰國晚期，“荀子”書裡，“儒”字出現多次，有點門派的意思，但主要是指知識份子的意思。荀子本人也自認為“儒”，他批評孔門弟子各學派，什麼俗儒、腐儒、散儒、偷儒等等。

實際，漢初“儒術”，籠統泛指周人留下的傳統思想。“百家”，則泛指春秋戰國人的時代思想，包括“法家”、“道家”。大抵，如果"儒家"思想以孔、孟、荀為標杆的話，那麼，所有"儒家"的共同點是：理想化傳統西周王朝的政治、經濟、社會制度，以夏商周古代的部落共和、神王權共和思想，為傳統"仁政"的化身。

孔子是"士大夫"，（是周王朝的基層官員編制，文士或武士，那時分別不大，都是統治階層的知識份子），他的"士"標準，需要學會6個基本功（六藝）：

禮儀，
音樂（樂經，詩經即周人民歌之類）/舞蹈（載歌載舞是商周的群眾活動），
射箭，
駕御馬車，
認字/寫字/讀歷史（尚書之類）/作文，
懂數理（會算術及其他自然知識，如易經）。

孔子定的標準，算是高難度的，但他自己身體力行，並且也這樣子教育學生。對孔子來說，成為"士"，肯定比成為"儒"更重要。士，很有點專業功力，儒，只是知識份子，當然，知識是必修科。孔子當然不可能知道，自己會成為後代"儒家"的祖師爺或門神。

王權專制下的漢王朝，本來政府文化部裡，各家學派都有專精那門學問的"博士"官的名額。漢武帝之前，政治上，皇家崇尚道家與黃老之術，什麼知識份子都用。漢武帝親政後"紐抑黃老，崇尚儒學"的政治動作，是設立"五經博士"，詩書易禮樂，每經一個，增大了"儒家"思想在文化部門裡的影響，建議和執行的人是武帝的舅舅，一個喜愛傳統學問的人。

司馬遷寫史記，如實記載了這段經過。但漢武帝的舅舅並未完全影響武帝，漢武帝很明白知識份子的分派、爭權奪利與影響力，他自有政治考量，政府引進儒家，以平衡當時滿朝的道家知識份子，真正是"漢家自有制度，本以霸王道雜之"。

西漢"五經"博士，後來擴大為"六經"博士，儒官們逐漸取消其他各家的博士官名額，漢儒遂在政治上，一黨獨大。東漢之後，漢儒基本教科書陸續增加為"十三經"，但不清楚政府任命幾個博士官，史書記載，光"六經"的博士官已經 14 位，太學生可達上萬人。總之，政府文化部門，被漢儒長期把持，傳統學問成為教學課本、考試和任官的題材，雖然道家、法家的學問倖存了下來，但影響力衰微，春秋戰國其他各家的學派則幾乎中斷。這是非常現實的人情。

大致上，西漢元帝之後，皇帝好儒，儒臣們趁機透過"取士"機制，使整個文官系統漸漸成為儒官天下。東漢之後，漢儒，透過教育體制，那時就已經成為中國人的正統思想。政治上的"罷黜百家，獨尊儒術"，是文官體系這樣子完成的。

漢代"獨尊儒術"，沒用"獨尊儒家"字眼，關鍵在"術"。

"儒"字，僅只側重政經社學問，就是"仁政"思想。但當時的生存方式的現實，仍然需要開發大量科技，比如醫學、機械、算術、物理之類，就是"術"，術在書本上的依據，主要是"易經"，涉及自然哲學和算術。六藝裡的樂、射、御，也可以算作"術"。

雖然儒術的術集中於技藝的應用，不大涉及對宇宙或大自然的基本數理化的推演或實驗，所以中國歷來只有獨門技術而沒有衍生出科學。然而，戰國秦漢之際，道家仍發展了不少原始科學的實驗和思想。

但，東漢之後的"儒家"不重視"術"，就讀那 13 本書，"十三經"。"儒家"，無疑是王權政治與文官體系聯合操作的最大傑作，既簡化了知識份子的腦袋、又霸佔了官職軌道，還滿足了王權專制對統一思想的需求。

雖然如此，中國普及教育、重視知識、崇尚道德（氣節），不能不說是漢儒教化的最大功勞和影響。

東漢**班固**的**漢書**，做為官修的史書，存在政治話語，這是官修史書的缺陷。班固兄妹三人，都算是漢章帝重用的官，平民知識份子能被皇帝重用，恩威之下的人情嘛，當然也會揣摩皇帝的意思。於是，漢書便出現模糊的歷史記載說：漢武大帝，採納**董仲舒**的建議，"罷黜百家，獨尊儒術"。但漢武帝其實從未"罷黜百家，獨尊儒術"，漢武帝自己還信巫蠱呢，董仲舒只是因為政府"紬抑黃老，崇尚儒學"方才被徵召的，雖然他的確建議漢武帝："諸不在六藝之科、孔子之術者，皆絕其道"（甚至，董仲舒建議的六藝，似乎也不僅只是六經），漢武帝並未取消各家博士官，只是增加了"五經博士"。

宋代之前，歷代嚴謹的知識份子也指明了這一點，千年後，卻被另一個總理級別的特大文官，宋朝的**司馬光**，把這載進歷史（**資治通鑒**）。漢儒思想，被正統化、格式化，披上漢武帝大衣，"儒家"演化過程大致如此。

其實，春秋戰國時代的"儒"，無非就是學習夏商周傳統學問、具備讀懂夏商周古籍能力的知識份子，不過是"有知識"的人的泛稱，那時候的"知識"文檔，也就僅只是周王朝保留下來的那些文籍。"諸子百家"的分類，無非是先秦知識份子的派系遊戲，孔子自己教的學生都還分派系呢。知識就是知識，知識本身怎麼會有派系？數據只有真假，人的認知和推理會有所差異或側重，理論和解釋可以因人而異，數據不足夠時，強調同類理論的人會聚在一起、加上他們的情感和利益，就成了"百家"或"派系"。人類社會的經驗和知識，不停地累積、增長，思想也不斷地演化、成長，同樣是知識份子，同樣是"儒家"，後來的孟子、荀子的見地，至少邏輯性、社會性都超越孔子，但不盡合乎王權專制的軟體需要。而從

138

漢武帝起，知識份子組成的文官系統，為自身利益也必須攀附王權的政治需要，就已經將孟子、荀子邊緣化。

東漢儒學，獨尊儒術，但一般文人專只凸出、焦聚、曲解"孔子"，"儒"從古代的"知識份子"漸漸窄化為"儒家"單一門派，將孔子神聖化為"儒家"的門神，將諸子百家思想排斥為異端，甚至閹割孔子思想，形成中國式文明的最大缺陷：連基本平臺都不盡真實。而實際上，西漢知識份子，包括董仲舒等一大批學者，他們自己的思想都大於孔子的思想範疇，包含了道家、陰陽、五行等元素。

以班固的學問，應該是知道歷史真相的。我們無法猜測班固做樣記述的複雜心態，或許他覺得，缺陷不重要，真相不重要，反正是件"好事"吧。

歷史記述，當然是人寫的。無論為了什麼原因或目的，刪改已有的數據，都是作假。春秋戰國時期，中國文字大致齊備，各國史官記錄下來的政治事件，做為數據，大致可靠。但，孔子編寫魯國史"春秋"，也記載當時中國世界強權國家發生的事，有些地方便記載的不清不楚，最有名的便是**"晉趙盾弒其君"**事件，雖然戰國知識份子注解"春秋"的**"左傳"**，詳細記述了事件經過。（當時的晉史官確實如此記載的，但晉史官也知道晉君不是趙盾殺的，總理大臣**趙盾**被昏庸的晉君逼走，還沒出晉國境，晉君便被他堂弟**趙穿**殺了，晉史官認定趙盾沒有盡到**臣**子的責任：因為趙盾回朝繼續掌政後，並沒有懲處殺人的堂弟。於是，晉史便把賬記到趙盾頭上）。孔子雖然也認為趙盾其實是個好官，卻更欣賞晉史的**禮教**立場，於是，春秋也就如此記載這個事件。

這是典型的儒家缺陷，士大夫的主觀意願，嚴重到可以歪曲數據，當記述不客觀的時候，真相不存在，評述的意義便也虛擬化了。如果首先**求真**，將事件經過一五一十呈現，然後再加以評論，不就近乎完美了嘛。

因為預設立場，孔儒記述更古早的夏商周史實，便偏於虛擬化的理想狀況。實際，夏商周流傳下來的，大量是零零星星的原始資料（文告、文件記載等等），春秋時期的知識份子要拼湊夏商周史實，除了已經記載下來的政權世系、天象、天災、戰爭、文告之外，能粹取的數據相當少。僅僅憑藉周政府文檔（比如，尚書），便認定周代社會實況（井田之類），證據非常薄弱，最多只能說明周王朝的管治計畫。周代社會實際絕對做不到井田制的政治藍圖，連王田制也是理論上的，難於執行到位的（王田的意思是，土地所有權是國家的，由國家分配給臣民）。

應該指出，西元第一世紀末，歐亞兩端的漢帝國＋羅馬帝國，轄下各約 5 千萬人口，各有多個 10 萬人的聚居城市，統治著廣闊地域，散居著無數村落、族群。人類社會當時的運轉與生活，科技、文化軟體業已具備相當火候，方才撐得起兩個龐大的帝國國家機器。但是，那時的科技，最迅速的訊息傳遞，不過依賴馬匹和驛站（頂多加上烽火臺，傳遞緊急信號）。

維持帝國內部的相對一致，及時的資訊、有效的溝通，一直是個政治上難以跨越的大難題。漢式政治化的 "儒" 學，便起了 "標準軟體" 的作用，思想、倫理的統一，在技術滯後的缺陷中，有效增強了內部的溝通效率。中國如此，歐洲也不例外，羅馬帝國的標準軟體，開始是 "羅馬法"，很快就變成 "羅馬法＋耶穌教"，作用跟漢式儒學一樣類似，適應各自面對的生活環境罷了。

漢儒，是中國人的歷史的產物。辯證的說。

儒家的好處是同一化的文教與思想、基層平民流動上升的通道。（這些都是非同小可的社會問題）

140

壞處是結晶化的文官體系、思想侷限並惰化，儒 "術" 的精神也丟失了。而技藝、科技、科學，"術"，才是一個社會真正的核心競爭力，政治經濟的權力分配不是。

（二）技藝

漢武帝時期的外向，接受了許多外來的樂器、樂曲、雜技、服飾、魔術等等，豐富了大眾文娛活動。

東漢最後期，由於紙張供應更上層樓，無疑提供了講究書法藝術的物質基礎，開後代草書、楷書先河。但，書法，成為專門的藝術，大抵是魏晉普及造紙行業以後的事。戰國以迄秦漢，書寫的載體，無非是任何便於毛筆書寫的片狀實物，木、布（帛、麻、絹）、玉、竹、陶、骨，都有出土，大致可以看到當時人們使用什麼樣的字體、怎麼寫法，無所謂 "書法" 藝術，只能是當時一般人對文字的實用與改進。

出土的竹簡或帛書，記載的多是日常通信、契約、稅務、圖錄，成冊的簡書，也無非是抄寫員的筆錄，應該不是請個什麼 "書法家" 來抄錄，當時，沒有 "書法家" 這個說法。倒是這些考古發掘的證物，提供了書寫人性化的、中文簡化的、約定成俗的演化過程。

文學則以漢賦傳世，又流行宮廷樂府詩歌（漢初仿效周王朝的做法，由文化部採集民間歌謠，就是樂府詩）， 成串的 5 個字或 7 個字古詩，漸漸形成後世押韻的詩。

史書，不用說，史記與漢書，本身也是文學傑作。

（三）科學

① 西漢後期開始，嚴謹的學者們整理古籍、辨別文字、鑒別真偽，到東漢中期，古籍大致復原，並附有學者們的注解（雖然參雜、附會，但盡可能恢復了古籍原文），是**考據**求真的最早應用。

② **許慎**編撰了中文第一部字典，**說文解字**，系統化中國文字。

這些以現代眼光看來是科學方法的苦功，應該是兩漢知識份子對中國文化的最大貢獻，而且，真實。

〈丙〉 其他的外部聯結

<u>漢羌百年戰爭</u>

血緣上，漢人是羌人的一支，大約 7-8 千年前，從甘青東遷黃河流域的那一支。自然，漢人後裔成為了農民族群，而留在甘青廣大地域發展的羌人，成為了游牧的羌族諸部。大約 3000 年前，游牧羌族也分支西遷進入川西和西藏地區，就是許多藏族的來源。羌漢藏三支人群的血緣很近，分支時間不算太長，西方人類學者找到許多他們之間的共同語根，稱為 "漢藏語系"。儘管如此，長期對不同環境的適應，造就了很不一樣的生活方式、習性和語言，以及，認同。

漢初之時，祁連山脈下的河西走廊地區（甘肅）原本是羌、匈部落的游牧地。漢匈戰爭，漢王朝為了 "斷匈奴右臂"，首先便奪取那時是匈國右賢王主要地盤的河西走廊，移民、駐軍，把那裡屯成一塊塊田地，牧地變成農地，並進一步跟匈國爭奪西域。河西走廊既然是 "走廊"，狹長不用說，又既然能屯田，水土足以撐起莊稼也不用說，自然，游牧諸部本來也就經常到那裡游牧（包括羌族群）。

所以，漢匈兩大勢力打了二百年，羌族游牧諸部夾在中間，政治上的抉擇，總有聯匈的部族存在，漢匈戰爭還沒結束，漢羌之間已經不斷摩擦了。

西漢晚期，政治動盪，漢王朝無力控制邊疆地區，匈羌諸部重返河西走廊。東漢重新站穩腳跟後，再回頭，繼續漢匈戰爭，匈國勢力被逐出河西走廊，不過，羌族諸部已經生根。大致在西元 40-140 年之間，東漢王朝與為敵的各部羌人，打了長達 100 年左右的漢羌戰爭。由於羌族諸部並沒有一個統一的 "羌國" 國家機器，戰役規模一般都不算太大，不存在 "決戰"，而是一個部落接著一個部落的羌族，跟東漢軍作戰。這時，募兵制下的東漢部隊，以及屯戍邊疆的官員，由於自身的資質差、又有糧餉的需求，往往以殺戮和劫掠來進行戰役，屠殺一旦開端，雙方反覆血腥報復，漢羌平民的生命與財產都損失極大，整個甘青地區，荒涼下來。

最終，表面上，東漢王朝似乎獲勝，羌族不再戰鬥。據現代學者統計，漢羌百年戰爭使東漢中央政府耗費 300 多億錢的戰費（不包括地區的收刮），並且，整個河西走廊地區因此殘破、人煙荒蕪，所以，漢王朝是實質的最大損失者。漢羌戰爭還未結束，東漢宮廷政治卻已敗壞，甘青地區，連帶陝甘交界區，成為最早的軍閥割據源點，比如，董卓，便是以西北的駐軍起家的。此後，這一帶的軍閥部隊，是典型的多族群部隊，由（漢羌匈＋各個游牧部落）的人組成，"剽悍"（剽掠＋殺人不眨眼），直接造成東漢覆滅。

政治上，漢羌戰爭不像漢匈戰爭那麼 "壯觀"，史書記載也不怎麼引人注目，能看到的數據就只能拼湊出上述景象。現代的我們倒是可以用 "平常心" 來瞭解當時最可能的實情，以及，羌人的無奈：

◆ 西元 17 世紀初期，當英國清教徒殖民北美洲，艱辛地尋求新生活時，寒冬，營地附近的美洲原住民部落，給他們送去火雞等補給。後來，殖民的後代獨立建立國家機器，成為 "美國人"，感恩先民的辛勞，便有了美國獨有的〝感恩節〞，家家戶戶要吃烤火雞，以資紀念。白人卻沒有感恩美洲原住民，因為，殖民後來必定要擴張地盤，自然就跟原住民幹起架來。。。

歷史，是勝利者寫的嘛，美洲原住民該怎麼訴說？

◆ 西元 17 世紀末，漢人開始大量殖民臺灣，後來**連橫**寫〝臺灣通史〞（不是官修史書），至少記載了一個真實經歷（流寓列傳，郁永和）：

康熙 36 年春正月啟程，至廈門乘舟，二月抵郡。
4 月初 7 日北上，途徑各蕃社，自斗六門以上皆荒蕪,森林蔽天,麇鹿成群。蕃亦馴良，不殺人。所至供糗糧，負矢前驅，為左右衛。蓋其時漢人鮮至，未肆侵略，蕃得無事，故無敵愾之心。

這可能是僅有的、漢人對〝蠻夷〞的直白，出自類似移民邊疆的人口中，**彌足珍貴**，非常人性、非常真實。

從人情來看，只要不是生活十萬分艱難的地區，正常狀態下的人性，一般，不會對新出現的人群產生立即的敵意，雖然不能排除人群之間也會有立即的暴力反應的可能。無論如何，上述兩例或許更近於人之常情吧。

漢匈與漢羌戰爭，是人類國家機器軟體的結果。部落與國家，原本就是集群掠奪和防禦的暴力機器，一開始為了生存競爭，後來，也為了掠奪〝財富〞（比如，西班牙和後來的英國，掠奪美洲的金銀，〝財富〞的概念，也是國家機器與經濟制度的軟體塑造出來的）。〝敵愾之心〞，並非人群的自然狀態，是被激發出來的。

佛教與西方事物東來

西元 68 年起，佛教正式登陸中國。但終東漢之世，佛教都不普遍。任何外來文化，都需要一個消化過程，軟體對接，許多原有的程式需要改寫，而且也需要適用這個軟體的環境，人們才會接受，所以，東漢明帝引進佛教之後，佛教在中國一直潛伏，要等到軍閥混戰、民不聊生的魏晉之後，才開始爆發。

早時東來的佛教，以小乘佛教為主。**安世高**（西元 150 年前後）、**支讖**（支婁迦讖的簡稱，西元 170 年前後）等僧人到中國來翻譯佛經，安、支，標示他們分別來自中亞的**安**息、大月氏（氏唸"**支**"）。這是融入中國的姓氏文化，那時的西方，普遍沒有姓氏制度，一般的全名只是（自己的名字‧父親名字‧祖父名字），名字串到 6 代，並不新鮮。固定的姓氏，對於西方，是受到中國文化的影響的、相當晚近的"新生事物"。

安世高譯出大量小乘經典，包括佛教基本教義和修持禪定的禪經。支讖則把大乘般若學（大乘的"空"，類似道家的"無"）傳入中土。

小乘教義以羅漢（修行者）的自我解脫為目標，大乘教義則以菩薩（能自悟、又能悟他人的發善願者）的普渡眾生為目標。這些教義，分別與中國本土的道家（養生不死）與儒家（仁政治國）思想有所契合，最終得以相互融合。

起初，東漢王朝顯然以外國事物對待新來的佛教，所以安排西域僧人的生活地點，屬於外交部管轄的"寺"，一開始，中國人不得特許是不能當和尚的，而且，譯經當然也有培養本土的翻譯，並瞭解西域諸國的語言、習慣、思想、地理的意味。

大致在曹操當權後，曹魏王朝方才開放允許中國人為僧，可以算作東漢末年開始解禁，這也是佛教在中國普及的起點。

除了佛教、動植物、樂器、音樂，西方還傳來玻璃、寶石、金銀器（含貨幣），而以玻璃影響較大，直接與瓷器的釉料工藝相關，後來中國工藝開發的玻璃，叫做"琉璃"。

〈丁〉　中國文化成型

兩漢四百多年，中國社會的變化，不會少於春秋戰國五百多年的變化。文明或文化，無疑有長足進步，農業生產的方式和工具是先進的，幅員、城市、書籍、知識都大大增加，文教、醫藥、工商已經相當系統化，紡織、建築、冶金、工藝、美術等等，也都顯示出智人功力。機動力與流通，馬匹、車輛、驛站、道路、船隻，也反映了社會物質面的改善。

唯一沒改變的是，政治軟體：國家機器＋王權專制。

所有人群社會，當然需要管理，管理的軟體，政治體制是最大項。管理的社會成本，就是人群餵養統治階層所付出的稅賦、勞役、生命等代價。

周王朝的王權專制，算是王族的集體分贓（宗法封建）。漢王朝的王權專制，中央集權，是當權的皇帝與官僚、豪強"共治天下"（龐大的統治、剝削集團），連親兄弟和宗室成員也成為王權刻意防範和屠殺的對象（王權絕對專制之後，跟皇室血緣越近、越有繼承王權的資格，對任上的皇帝，就越具危險性）。

戰國時代的小農經濟，被沿襲了下來、被漢王朝國家機器刻意執行。大多數人民（庶民）被特化為社會基層農民，既有"人"的身分，也是"生產工具"。兩漢時的中國人群，為管治而付出的社會成本（各級政府拿走的稅賦），非常大，明的、暗的，大於基層農

民總產出的 50%，亦即，農業生產的一半收益配置給了 10%左右的
人口，而 90%的人口只享有另外一半收益。這樣構建的政治軟體，
本質上便有極大的不穩定性，王權專制下的中央集權，比王權專制
下的宗法封建，政治上更具力道，更易耗盡社會資源，政治上也就
更不穩定。因此漢王朝的興衰，成為歷史輪迴的標準版。實際是，
政治軟體的缺陷造成的。

嚴格說，制度化的土地私有、中央集權和小農經濟，都是秦王朝開
的頭，漢王朝是繼承、並落實了秦王朝的軟體缺陷。現代學者分析
過，秦王朝加諸於中國社會的管治成本，竟高達農業收成的
60+%。。政權大於金權，經濟服從政治，是顯性的權力經濟制度，
各級政治權力自行攤派、浮加、濫權、謀取財富。那時候的統治者
與知識份子，都沒有足夠的智慧來從人性的角度看到，這樣的政治
軟體，勢必無從穩固。

然而，無論我們多麼冀望 "公平" "正義"，人類社會依然是個生
物硬軟體的集成系統，硬軟體的 "力道"，決定了那個社會的演化
軌跡。

兩漢的長期統治，施加於中國人群的影響，決定了 "華人" 或 "漢
人" 的特質，這也是為什麼我們要花這許多篇幅來瞭解漢王朝的原
因。漢王朝不少帝王，曾經修補或強化政治軟體，諸多措施，成為
中國慣例，形成了 "中國文化" 的習性。

我們瞭解了漢代，就瞭解了華人或中國人的大半。

漢王朝最終確立了文官體系，以 "儒" 道治國，漢儒則透過文官系
統，跟王權專制的政治密切結合，知識份子功利化，把儒文化簡化
為四書五經，迅速統一了教化和思想，丟掉了 "術"（技藝與科學）
的追求。

從此，文化上的中國社會也層流化：一個廣大的底層農民、提供稅賦與勞役與兵源，上扣一個不算少的統治階層（皇族 ＋ 權貴 ＋ 官僚集團 ＋ 豪富，基本上，大多是知識份子階層）、以及提供財富及享受的工商等 "自由民"。

在科技還不發達的 2000 年前，這個幅員廣闊、人口眾多的王權專制的國家機器，"底層（被治者）" 與 "上層（治人者）"，是截然不同的兩個社會，底層近於生存驅使下的本能運作，上層則是 "功利驅動" 與 "儒文化" 的怪異混合，多數時候，底層社會和上層社會全然沒有交叉，過度的剝削或災荒，很容易就成為社會崩解的導火線。這樣的分化，竟然運作中國社會到 20 世紀初，自然地，我們也就可以想像，入戲的 "三國演義" 可以成為 "民間歷史"，無視於 "三國志" 等更真實的史書存在，因為，中國社會的廣大底層近乎文盲，他們受教化，更多的要從戲劇（看戲）或說書（聽故事）得來，而編戲的人是知識份子（統治階層），用通俗戲曲來灌輸上層要底層知道或遵守的資訊與文化，使之成為，習性。

"儒文化" 是漢王朝修補統治軟體的主要措施，孔子，被塑造為 "儒家" 主要象徵。青年孔子對春秋齊國的政治建議，"君君臣臣父父子子"，被強化為教條，上層編戲，底層看戲，拉拔起 "中國特色" 的漢文化。而老年孔子最重要的人文覺悟，"己所不欲，勿施於人"，不被重視。倫理與秩序，禮與義，被固化為 "孔儒" 的思想中心。實際，孔子也是人，他的思想，也變動到老，青年孔子 "君君臣臣父父子子" 的激情，老年孔子早已沉澱為更人性化的 "己所不欲，勿施於人" 理念。後世的 "儒家"，既不忠於孔子，也對不起孔子，他們跟王權勾結，利用了真實的孔子。

不過，這些，對歷史而言，不重要了。歷史，只記載真正發生的事，數據說話。孔子活著的時候，他對那時候的政治軟體並沒有太大影響，死後被後世 "儒家" 簡化，被供奉為祖師爺，享受著他絕不會想要的虛榮。但漢儒文化對中國社會，確實發揮了巨大的作用：**教化**。孔儒對教育的重視，無論基於"性善"或"性惡"的論點，都是實實在在"人性可以塑造"的邏輯。無論後世儒家存在多大誤區，儒文化的普及，中國文化裡頭的文教和泛理性因素，都是漢儒文化的一大亮點。

我們可以這樣總結漢式中國文化：
　　王權專制（政治軟體平臺＝中央集權＋文官體系）
　＋**小農經濟**（經濟軟體平臺＝人口＋戶籍小農業）
　＋**漢儒文化**（社會軟體平臺＝〈倫理＋知識〉的教化）。

在這樣的文化氛圍中，雖然多數人也貪婪，但主觀意識也認為"財富"並非最重要；連帶，"術"，科技或技藝的重要性，被刻意矮化。實際，從人性看，好逸惡勞，是人之常情，知識份子唸幾本經書、考幾個試、搞搞人脈、乖乖不發奇談怪論、就可以做官領薪水、甚至還可以貪腐暴富，於是，誰還老老實實鑽研技藝呀？工商致富的人，積累的財富，唯一的出路便是買地，變身為地主、種田、讀書，才可以成為權力主流的書香或官宦"世家"。

中國文化這個基本"型"，流傳到 20 世紀初。

漢文化＝中國文化，漢人＝中國人＝ 華人，大致也就成為歷史的事實。

相對於同個時代的其他世界，漢代中國的統治階層，相當"文"，重視知識與文化。社會階級，只分兩類：有文化的，沒文化的。僅只具備勞力的庶民，唯一的生計，只能接受國家分配的土地，並編入戶籍，失去遷徙自由，終生從事農業勞作。

這些被捆綁在土地上生產的底層農民，數量龐大，可以看作是被國家機器捆綁住的"準農奴"，除了服從統治，別無生存之道，雖然也有農民藉重天分或勤奮學習，脫離底層的案例，畢竟相當稀少。

比較起來，那時的草原世界和西方世界，相當"武"，重視財貨與工商，從事生產的奴隸很多，社會教育也不那麼普及。

儒家的"人本"或"民本"或"人格"、"氣節"、"道德"，儘管不失為一個不錯的理念，但是，架在龐大的底層、半農奴狀態的農民之上的那個王權專制與官僚豪強集團，卻是個不可能靠善心或儒家思想來自控的機器。

中國式文明的癌細胞，不是漢儒文化，不是禮教，而是貪婪的專制王權、龐大的官僚集團、驅使大多數人口成為底層半農奴的"小農經濟"制度（包括戶籍）。

由於"庶民"僅只是被統治、被使用的生產工具，知識與文化成為中國社會的另類特權，成為統治階層的"專利"門檻。

真實的（而不是功利的）知識，從來都是人類生存的必要手段，但制度與文化的習性，連帶知識也被扭曲，並且小農經濟制度製造出的龐大數量庶民，也使得普及教育變得更不現實，於是，人性的生存本能，愈加強化了中國社會人人"一畝三分地"的小農私利意識。

西方社會演化自然也存在類似窠臼。但，西方長期依賴工商、流通、交易、掠奪的社會本質，決定了他們對科技"術"的追求，西元16世紀之後，最終使得金權大於政權，政治服從經濟，是隱性的權力經濟制度，各種金權或利益集團，率皆隱身於政治面具之後，操縱政治與認知。

東西文化基因的差異，在於對〝人性〞的認知。

中國人的生存體驗，通通來自小農經濟的成敗，黃土高原自給自足

的農業模式，主要依賴大自然的賜予（土地、大河、氣候），以及，集群的勞作（水利灌溉）。於是，中國文化便傾斜於強化群體、抑制個性。

西方人的生存體驗，當然也依賴大自然條件，但他們沒有氣候與水源的優勢，寡民的城邦小國，只能彼此分工、互換有無，個體勞作、機動交通。於是，西方文化便傾斜於強化個性、信仰宗教（出門交易、掠奪，充滿風險和運氣成份，早期人類只能歸之於神）。

文化不同，連帶對〝人〞的認知也不一樣。

中國人看〝人〞，首先會感到是什麼人群的〝人〞，然後才感覺那個〝個人〞。傳統中國歷史，沒有個人英雄，只有社群話語和〝天人合一〞的象徵：政權。

西方人看〝人〞，當然也會感到是什麼人群的〝人〞，但首先是感覺那個〝個人〞。西方人的歷史，充滿個人英雄，英雄就是圖騰、甚至成為部族的代號。

第五章、 大混血的 魏、晉、南北朝

敘述魏晉南北朝歷史，只能從史書記述與地圖平行下手：

自從東漢末，西元 189 年，董卓部隊進入京城洛陽開始，漢王朝的中央政府實質瓦解，中國原有的國家機器失效，各地"軍閥"（具備一定武力的集團），為爭奪統治權，互相混戰，直至西元 589 年，隋王朝恢復統一中國世界為止，中國歷史再次進入長達 400 年的"戰國時代"。距離上一次"春秋戰國"長達 549 年的大混戰，整好 410 年。

因為有相對完備的歷史記述，人們可以相當瞭解這個社會崩解與重組的過程。又因為中文與中國文化已經成型，史書記載在各權力集團的政治話語作用下，人們難以窺見完整的全貌。幸好現代學者可以根據各種史料，重建歷史景象。

簡單說，春秋戰國時期，可以看作是黃河流域的中原文化在中國大地擴散的記錄，普及了中原的農業文明，直至地球物理上適合農耕的界線地帶，就是氣候變乾變冷的草原和沙漠南邊。秦漢時期，農業的中國人在這界線上建造了長城，隔擋草原的游牧部族南下放牧，從而在柵欄圍起來的廣大土地上，創造了中原文化為主調的漢式中國文化，中國人開始了"漢人"的認同。

而魏晉南北朝時期，則是游牧部族在中國大地擴散的記錄。
歷史的偶然性，讓長城這道柵欄失去了作用，大量游牧部族進入黃河流域，引發漢人大量南遷長江流域。過程中，進入長城內的各個游牧部落也變成了農民，而南遷的漢人則開發了整個華南地區，使漢文化的"粟"主食轉變為"稻"主食，並且由於北方游牧民的中亞影響，華北也轉變為"麥"主食。

草原部族南進、擴散到華北，即便不是東漢王朝一開始的特許，也毋寧是自然的。長城外的草原游牧，人跟天地自然半衡，大地所能承載的人口早已到達擴散的臨界點，那時的"蠻族入侵"算是個全球現象，大混血，全球都發生，不獨中國大地。

混血之後的新型中國人，在漢文化的平臺上，演變出後來的唐式、宋式中國文化。"漢人"，其實，從來就不是羌漢分支時候的"純"漢人。打從"華夏"族被黃帝一族統治、融合開始，一路混血到現在，都融進中土的農業文明、文化、意識。

跟戰國時代不一樣的地方是，中國這個時段的歷史，主角更多的是"胡人"，而不是"華人"，雖然歷史記述的主筆人大都自認為是漢人。這是個大戰亂的時代，王朝交替，短暫而頻繁。最終，西元 589 年，混血的隋王朝及其後的唐王朝，又統一了中國世界。

《三國》時期　西元 220-265　魏、吳、蜀/小說裡的世界

這時期的中國世界序幕，因千年後**羅貫中**寫的"**三國演義**"小說而名聲大噪。小說的主角，**諸葛亮**（孔明）、**曹操**、**劉備**、**關公**（關羽）等人，家喻戶曉。諸葛亮被聖賢化，曹操被妖魔化，關公則被神化。然而，事實上，這時段的歷史真相，是跟著曹魏王朝轉的。其實，曹<u>魏</u>、東<u>吳</u>、蜀漢，三國共存不到半世紀，僅只是短暫的歷史過渡，當然不可能像小說那麼好玩，那時的中國人活得挺苦的。

現在能從史書上看到的統計數據，西元 260 年左右，魏蜀吳三國轄下人口，魏國大致為 443 萬，蜀國為 108 萬，吳國為 254 萬，這是農民編戶入籍的人數。當然，由於地主權貴等大戶人家（包括內附的游牧部落），有所隱匿，但估計那時候全中國人口，也就千萬左右。而這時華北人口，約略占 60%，華南（含四川）約 40%，南北對比已經開始轉變。

圖源：維基百科，三國。作者：Yu NinJie

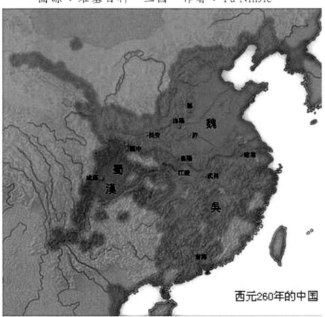

西元260年的中國

由於人口稀少，三國之間的征戰，經常以擄掠、遷徙人口為目的。

三國政府都大力開發水利管道，並以軍隊屯田。當時，蜀國常備軍 10 萬、吏 4 萬，吳國常備軍 23 萬、吏 2 萬 3 千，吃公糧的人數占各自人口的 13%與 10%，部隊顯然必須屯田、自給自足。魏國情況相對好一點點而

154

西元 220 年，**曹丕**稱魏帝之後，蜀、吳迅速跟進，但**魏**王朝仍是中國世界的重心，那時的黃河流域的政治與文化相對進步開明，吏治和政府也比較嚴謹、節約。相對而言，蜀國幾乎只靠**諸葛亮**一人實幹，軍隊 "面有菜色" 仍然五次北伐中原，最後死於軍中，大概 "鞠躬盡瘁，死而後已" 是做給劉備一家子看的，免得劉家為了小小政權，便把他做掉了。吳國更扯，孫權家族在江南膏腴之地，後宮竟達 5 千之多。。。

三國內政，重複王權專制下的老套，不斷上演權力交替時的互鬥，終至王朝覆滅。西元 263 年，魏滅蜀。2 年後，晉篡魏。西元 280 年，晉滅吳，中國暫時統一。

從史書記載的數據看，當時的實情，生活在吳、蜀的老百姓不會太好過。而山西、河北、東北等邊地，更有大量匈族、烏桓、以及原先逃避戰亂的漢民反覆移入。

魏吳蜀三國，大致半個世紀，實際是中國人大混血時代的前奏，沿續東漢末年戰亂景象。三國演義嘛，本來就是戲劇小說，而人類任何時候的社會切片，都有說不盡的悲歡離合的人生故事，但跟當下的流行電視劇或電影一樣，當不得真的，雖然人們喜歡從 "三國演義" 裡找 "哲理" ，然而歷史畢竟不是劇本。

真實的三國，最主要的實況和數據，也就這樣了。

《晉代》 西元 265-420 "五胡亂華"

（一） 西晉 西元 265-316

西元 263 年，魏王朝權臣**司馬昭**，三路伐蜀，蜀國覆滅。西元 265 年，司馬昭兒子，**司馬炎**，也用魏王朝取代漢王朝一樣的招數，逼專制王權 "禪位" ，成立**晉**王朝。

司馬炎治下的中國，擷取地方世族（士族）割據的教訓（司馬一家也是世族豪強起家的），修改並強化了曹魏王朝的規矩，經濟上，一方面限制世族占田的數量（田地少了，"部曲"，農奴或私屬兵丁，也就少了），一方面沿襲戶調制（除中央政府明訂的田租外，穀糧生產全歸農戶所有）。政治上，① 雖然限制地主佔有田地的數量，但擴大官吏可以**蔭庇**家族、佃戶、門客，於是，官吏第一品可以占田五十頃，以下至第九品，每低一品，遞減五頃。各品級官吏，各有可以蔭庇的親屬（三代至九族）、佃戶、門客的數量規範。宗室、國賓、先賢之後及儒士子孫，也都享有這種特權。② 分封宗室到郡國，意圖拱衛王廷，避免割據。

這就是晉初 "太康之治" 的軟體改造。基層農戶的生產積極性大大提高，統治階層的利益也平衡了，於是，社會大大繁榮。經歷西元 270 年的災荒，依然出現不飢餓的郡縣。

西元 280 年司馬炎滅吳，統一了中國，就是上圖三國時代的全部領域。那時候的數據，中國戶籍口數回到 1600 萬，西元 282 年，暴增到 2000 萬（估計是清查出不少隱匿人口）。

但到西元 290 年，司馬炎死時，地方王族跟世族自然結合，特權的勢力大到中央政府無法制衡。眾多（郡國王族＋士族門閥），形成更多的地方豪強割據。司馬炎顯然沒吃透戰國到秦漢的歷史演化的教訓。

於是，西元 291-306 年，晉王朝發生 "八王之亂"，8 個實力較大的王族角逐中央政權。宗室奪權混戰的 15 年間，華北社會再次崩解，經濟生產停頓，人民流離失所。

流民與內附的游牧部落，一起造反，西元 311 年，匈族**劉淵**在山西建立的**漢**打下晉王朝京城洛陽，西元 316 年再打下繼位的晉王室都城長安，晉王朝（**西晉**）覆滅。西元 317，晉的宗室在豪強士族擁戴下，稱帝於江南建康（今南京），即為**東晉**。

（二） 華北的<u>五胡十六國</u>　西元 304-439

劉淵，同時具備匈汗國與漢帝國的王族血緣，所以姓 **"劉"**、國號稱 **"漢"**，但寫史的漢人因 "華夷之辯" 不承認，稱為 **"前趙"**（或 "趙漢"，因為山西從前是趙國）。不過，"五胡十六國" 這段歷史，倒是從**劉淵**在山西建國開始算起。

現代統計，晉代 **"五胡亂華"** 的 135 年間，華北各地共出現 71 部國家機器，每部機器平均也就三、四十年壽命。統治者的血緣，（**匈、鮮卑、羯、氐、羌**）五胡之外，還有漢、高句麗、丁零、巴人等。實際，按現代人類學的區分，應該大致分成 5 大類族群：**通古斯**（匈、鮮卑、柔然、烏桓、扶餘、高句麗）、**羌**（氐、羌）、**中亞**（羯，是匈化的白種游牧民，丁零則是突厥的一支）、**漢、苗瑤**（巴）。

早先被曹操分為五部的南匈國，這時其實早已落戶甘陝晉二百年，由王族帶頭造反，以單于（或可汗）身分（針對游牧民），兼皇帝（針對漢民），充分體現了草原傳統。

羯人原是匈國統治下的西域游牧民，隨匈人內附中原，迫於生活，大多淪為漢人地主的農奴或**部曲**（傭兵）。羌人則歷來受到東漢官僚的壓迫與歧視，導致漢羌百年戰爭，互相屠殺。氐人多是 "八王之亂" 中與漢人一起逃亡的流民。這些都是受壓迫的反抗者。

鮮卑族群又有所不同，漢匈戰爭時他們是漢人的盟友，漢匈戰爭結束後，鮮卑取代匈、稱雄草原長達數百年。匈、鮮卑、柔然、遼、金、蒙古、滿清，都算是通古斯部的族群。

這時華北漢人的生存方式是，聚眾於地方士族的武裝 "塢堡"，兵農合一，互相依賴，自給自足，開啟了中國的氏族大家庭制度，而倖存的地方士族塢主，藉重相對的武力與經濟能力，成為所有統治者忌憚和籠絡的對象。西元 317 年，東晉**祖逖**率軍北伐，便靠聯合地方士族塢主取勝。

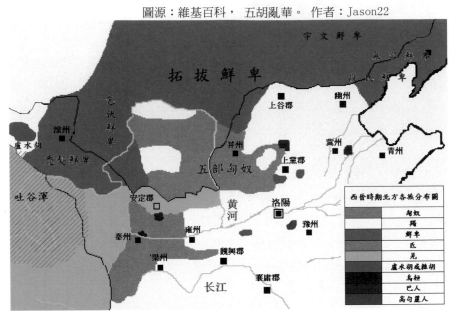

漢語拼鮮卑語發音：禿髮=拓跋，鮮卑人=西伯利亞人 Siberian，突厥=土耳其

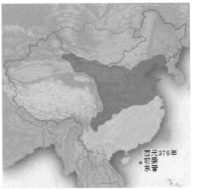

壁畫上的羯人(白匈族人，"嚈達")　　　西元 376 的中國，北為前秦，南為東晉

西元 319 年，在山西稱帝的羯人**石勒**（**後趙**，王朝存在了 31 年），大概是人類史上唯一奴隸出身的皇帝。羯人作戰勇猛嗜殺，屠掠平民常以十幾萬計，後來漢人報復，幾乎滅絕了當時羯人三十萬口。相對來說，鮮卑族群比較不像匈、羯那麼嗜血，同族的**柔然**縱橫歐亞草原，幾乎從未屠城；而**拓跋鮮卑**早期的屠戮，也相對收斂。

實際上，內附時間較久的匈、羯、羌、氐，早已漢化，也知道農耕是中國大地的經濟基礎。統治時間最長的慕容鮮卑**前燕**（在遼寧、河北），以及巴人**李雄**的**成漢**（國號其實是**漢**，在四川成都，史學上叫**成漢**，存在了 43 年），都因大量吸納流民農耕，建國比較長久。華北的漢人，無論遷徙與否，生存本能下，必定產生文化上的互相適應，於是，華化的胡人，以及，胡化的華人，都是那時華北的常態。下圖是西元 350 年前後，華北"中國人"的情況。（轉載：圖驥網，東晉和十六國形勢圖）

更鮮明的草原文化，來自南下時間比較短的鮮卑和西羌諸部，尤其是已經稱雄草原的**鮮卑**及其同族的**柔然**，他們完全是漢代**匈汗國**的翻版。在"五胡亂華"後期，中國北方的文化主調，主要就是漢文化和鮮卑文化，華北各族人群，要嘛漢化，要嘛，鮮卑化。

西元 376 年，中國一度形成南北兩大的局面，氐人**苻堅**的**前秦**統一華北，跟華南的東晉對峙。 西元 383 年，前秦進攻東晉，大敗於**淝水之戰**。然而，從史書記載看，這場大戰，近乎兒戲，前秦以 10:1 絕對優勢的部隊，竟被少數東晉部隊隨機打敗，人性裡的機智，創造了歷史的偶然。

苻堅和劉淵，都是漢化很深的胡人，苻堅的漢人宰相，**王猛**，輔佐他統一了整個北方，直達西域。

西元 385 年，蒙古草原南部鮮卑的酋長**拓跋珪**趁**前秦**崩解時，建立**代國**（山西北部），第二年改稱**魏**，以山西大同為都城，就是**拓跋鮮卑**的**北魏**。**拓跋鮮卑**是鮮卑部落進入中國內地的統治者，但同族的柔然鮮卑部落則是草原諸部的統治者。西元 424 年，柔然的**大檀**可汗興兵攻擊北魏，被北魏皇帝**拓跋燾**打敗，此後北魏連續打擊柔然，最遠達貝加爾湖區的**高車**（漢譯又稱，**丁零、敕勒、鐵勒、狄歷**）。

拓跋鮮卑常用高車人為傭兵。然而，柔然依舊是大草原的統治者。歷史，在這裡出現類似漢匈戰爭的重複模式，拓跋鮮卑要做漢人的皇帝，必須有點漢化，便做不了草原的可汗，生活在長城裡邊，縱使同樣是騎射出身的游牧民，依然無法征服草原。

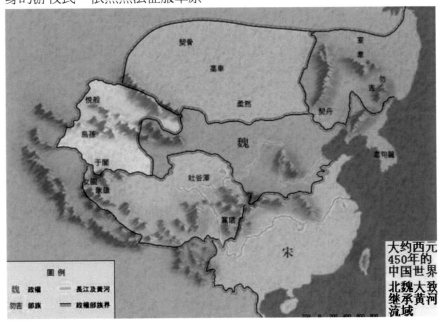

轉載：中國國學網，南北朝疆域形勢圖

西元 439 年，拓跋燾統一了中國北方，這時，南方的東晉已於西元 420

年被劉裕的**宋**王朝取代。中國歷史南北朝對峙的時代開始。

拓跋燾重用漢大臣**崔浩**，實質上的宰相，親密到幾乎言聽計從。崔浩也是魏史"國書"的作者，下筆從拓跋鮮卑政權的角度，夾雜漢文化的華夷之辨，柔然便成為北魏的"蠻夷"。但崔浩對拓跋鮮卑的歷史也秉筆直書，保留了許多真實數據，大大惹惱了鮮卑貴族。

西元 450 年，聽信讒言的拓跋燾斬殺崔浩、滅九族。事後，拓跋燾後悔，已無從挽回。崔浩篤信道教，除了屢次給拓跋燾定重大策略之外，還諫議滅佛，佛教一時大受打擊。

五胡亂華時代，中國北方的情況，大致如上述。

那是個殺人如麻的時代，生存本能使得生命很極端。人性的暗面，心理上的扭曲、變態、報復、奇怪的慰藉，充分表顯。人性的亮面，勇氣、堅忍、理智、仁愛，也有所展示。佛教、道教、玄學，大行其道。

（三） 東晉　西元 317-420　偏安華南

東晉是晉王朝一個小宗室，琅琊王**司馬睿**，因緣際會開創的王朝。

西晉八王之亂期間，司馬睿是洛陽的一條王室光棍，連封地琅琊（今山東膠南）也沒去過，只能非常低調地生存，京城裡唯一的朋友是琅琊特大士族的**王導**。王導倒是個學養俱佳的知識份子，也有點實力。當時情況，司馬睿想不沾鍋也不行，於是，只好什麼事都找王導商量著辦，王導就那麼一步一步協助司馬睿走出困境。

就在亂局的驚濤駭浪中，西元 305 年，司馬睿幾經風險、勉強混到南京，成為晉王室在江南的代表，頭銜一大堆，但勢單力薄。那時，天下已經大亂，江南士族根本沒鳥單薄的"宗室"，江蘇地方的文武勢力沒有一個前來支持的（從人情看，這時距離西晉滅掉東吳，才 25 年，吳地士族勢力還未必服氣晉王朝）。王導，成為司馬睿唯一的支柱。西元 311 年，**前趙**打進洛陽城，殺了晉帝，並屠殺士民 3 萬多人，聞訊南逃的北方士族多達 60%以上。王導一面聯合南渡的士族，一面安撫江南地方士族，共同支持司馬睿。

西元 316 年，前趙打下長安，俘虜繼位的晉帝，西晉亡。第二年，司馬睿稱帝。當時的東晉，是個空降到江南的朝廷，人生地不熟的，王導做了大量聯合地方勢力的努力，以 "民族主義" 的號召，勉強將司馬睿扶上帝位。司馬睿登基時，竟想招呼王導一起排排坐，他內心的惶恐，可想而知。王導當然堅拒。

東晉，註定是個偏安的朝廷。北方南渡的士族掌握朝政，然而政經社一切仰仗地方，南方地方士族自然不服。那時，士族自有一定武力，就是 "部曲" （私人傭兵），幸好，當時中國南方仍屬地廣人稀，南渡的漢人盡可填充、開墾荒地，當然，已開發的城市附近，南北士族的利益衝突就無以避免。

更何況北方士族的割據習性未改，經常覬覦司馬睿的王座，而南方士族豪強憑空要伺候好幾層官僚，更滿肚子怨氣。於是，跟北方類似，叛亂、造反，也成為東晉的家常便飯。王導的一切心思，全花在怎麼協調南北士族和平共處，均沾利益。

這就是東晉政治的本質。士族豪強把小農意識稍微放大，分割地盤，小農經濟也稍微放大為莊園經濟，底層老百姓苦難依舊，甚至更苦。在東晉王朝跟南北士族的政治妥協下，雖然江南處處湖水，但沒有一片帆、一張網不受到官僚豪強盤剝的。

針對北方流亡的士民大多是從故鄉抱成一團一團南遷的特性，東晉為了照顧流亡士民與安撫在地士族，在南方士族勢力較弱的地區（多為丘陵、山區），設立<u>僑州</u>、<u>僑郡</u>、<u>僑縣</u>，以安置逃亡來的士族和民眾。**僑**州、郡、縣的名稱跟北方故土完全一樣，流亡的人連籍貫都不用改寫，於是，流亡的北方士族繼續充任僑州郡縣的各級文武官職、繼續以北方流亡民眾充作或佃客或部曲，當作"五胡亂華"不曾發生、換個氣候暖濕的地方種田而已。並且，定居初期還免稅。。。這些西晉軟體的癌細胞，通通移殖到東晉。

西元 347 年，東晉**桓溫**打下成都，滅了**成漢**，桓溫立刻野心大熾，但受到當權大士族**謝安**的壓制。西元 383 年，已經統一北方的**前秦**大舉進攻東晉，號稱百萬雄師，被**謝玄**（謝安侄子）的 8 萬"北府兵"智取、打敗，東晉一度擴張到黃河南岸。

但東晉癌症很快起了作用，用南方資源到北方打天下，人情上也不通，東晉連生死攸關的**淝水之戰**，最終倚賴的還是"北府兵"，由南渡的北方人組訓成的部隊。後來取代東晉的**劉裕**，便是北府兵出身的將領。

西元 385 年，謝安死後，東晉朝廷醉生夢死，桓溫兒子桓玄，成為藩鎮勢力，東晉中央政令被壓縮到江浙地區的 8 個郡而已。而大量南渡的官僚機構依舊，老百姓的負擔可想而知。

西元 399 年，南渡的一個寒微士族**孫恩**利用**五斗米教**（屬於道教信仰）起事，很快形成剷除北方門閥和地方官僚的運動，浙江中部，從寧波到嘉興，屠殺非常殘酷，王謝大世家，也沒有倖免，可見孫恩本人以及南方百姓的怨氣有多大。

孫恩的戰術倒真正新穎，他用南方人擅長的船戰，戰敗了就上船，駛到東海的海島上去（舟山群島）。西元 401 年，孫恩水軍 10 萬進逼南京，被**劉裕**打敗，1 年後入寇浙江沿海，兵敗投海自殺，當初隨他起事的 20 多萬徒眾消亡殆盡，只剩數千，推**盧循**為頭領，逃亡海島，繼續造反。西元 404 年，盧循攻陷廣州，西元 410 年，盧循又率 10 餘萬眾，再次進逼南京，又被劉裕打敗，逃到交州（今北越），第二年被交州地方官剿滅。

孫恩和盧循，絕對算是中國**海盜**的鼻祖。事實上，孫恩、盧循，也是最早見於中國歷史記述的**"海洋中國"**實錄。"海盜"（包括"海軍"），千年後的"倭寇"，以及，中、西、葡、荷、英等國在"南洋"（南中國海）的活動，涉及中國的部分，運動的軌跡，無非也就是盧循當年的海線。

原本就中氣不足的東晉王朝，經孫恩一鬧，更加奄奄一息。

西元 402 年，桓玄攻入建康（南京），西元 404 年，桓玄廢晉，自立為皇帝，國號楚，旋即被劉裕擊敗。至此，劉裕掌握了東晉政權。

這時段，發生了件破天荒的怪事：浙江諸郡鬧了大饑荒。
難怪嘛，被孫恩攪的，逃的逃、殺的殺，沒人種地了。不少士族，披著精製的羅衣，抱著心愛的金玉字畫，關著大門整家整家的餓死。這些人不知民間疾苦，不知道怎麼掘草根、剝樹皮、抓螞蚱充饑，當然也更不會人吃人。總之，江南會餓死人，大概只有東晉朝才會發生。。。

為了做皇帝，劉裕強力發動北伐，要以軍功來改變自家"門第"。

門第觀念，是**魏晉**社會的怪異軟體，比論資排輩還要腐朽，只比印度的種性制度稍微好一點。本來，權貴和豪強世家，所謂"上流社會"，互相結交，這是很自然的人情，所有人都有個生長的環境，跟熟悉或類似的人往來，溝通起來比較不費勁，跟現代的同學或同事小圈圈一樣的嘛。東漢中期以後，黨錮之禍＋軍閥割據混戰，人們聚眾自保圖存，人與人之間的疏離感越發嚴重，生存與權益與信任的考量，竟衍生出"門當戶對"的怪異軟體，活生生把社會層級化、圈圈化，成為一個沒有制度的"制度"。

實際上，南渡門第最高的王、謝兩家，固然吃香喝辣，高手不少，也不乏飯桶。而南渡的北方士族，也不是北方最貴最富的"門第"。家大業大的士族，家口、田地、財富太大，搬不走、南遷太風險，他們寧可武裝自己當塢堡主！比如，中原崔氏，一直旺到唐代。。。

王導為了打進江南士族圈圈，主動學江浙話，想跟當地大士族陸家聯姻，慘遭拒絕，北方士人嫌他壞了規矩、南方士人嫌他是北佬外來戶。

總之，門第，反映了那時社會的一個非理性現象，互相畫地自限、互相排斥。

劉裕其實是個蠻有智慧的人。年輕時，漁、樵、耕都做過，還賣過鞋子，沒辦法，出身貧窮，沒得書讀。他完全知道民間疾苦，還喜歡賭錢，典型的無產階級，總想一次 "暴發"，賭輸了，曾被莊家綁在栓馬柱上討賭債。在北府軍當兵，北府軍是能打，但將領劫掠民財，比盜匪還厲害。

劉裕後來當上北府軍將領，嚴飭軍紀，他領軍的部隊，秋毫不犯，自然勝多敗少。劉裕專政後，西元 409 年，開始北伐，直打到西元 417 年，收復洛陽、長安。最終穩固了豫南、淮南、山東一線，跟北魏對峙，使長江以南地區的老百姓遠離前線戰火。

西元 413 年，劉裕下令取消東晉原有的 "僑縣" 制度，裁汰大批士族官僚，消除南北僑土界限，士族一律成為南方人，並且架空高門大族（ "關係戶" ），重用一般知識份子。這是對晉王朝軟體癌症的第一次手術，中國南方漸漸具備實質性的 "中央政府" 。

西元 420 年，劉裕稱帝，國號**宋**（史書也稱為， **"劉宋"** ），**東晉**覆滅。這時，**北魏**也開始了中國北方的統一。

五胡亂華時代即將過去，中國進入**南北朝**時代，南北方對打的時代。

歷史記述的"五胡亂華"，專注於華北的漢文化區域，亂的華嘛。事實上，在整個標記為**魏晉南北朝**的 369 年間，中國甘青川藏的高原板塊上還有一個獨特的歷史演化，就是，**吐谷渾**。

這是鮮卑的一支部落，慕容，西遷到

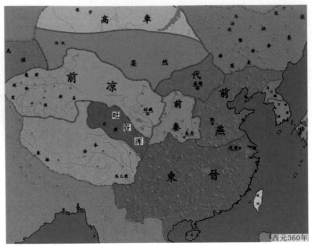

圖源：維基百科，吐谷渾。 作者：Evawen

甘青後以部落酋長**慕容吐谷渾**的名字命名的。吐谷渾不在華北"五胡亂華"的 71 國之列。

晉王朝，承襲漢王朝，對草原上的游牧遷徙，是沒有話語權的。西晉剛統一中國世界不久，西元 283 年，慕容吐谷渾率所部 1700 戶人，西遷到**陰山**下放牧，最終奄有隴西、青海、川西、藏東，統治這個領域內的漢、羌、氐、藏諸部游牧民。過程中，西元 329 年，慕容吐谷渾的孫子，將這支混融了各部族群的部落，改以祖父的名字**吐谷渾**為族姓及國號、而王族則以父親的名字**吐延**為氏。西元 540 年，正式建都於<u>**伏俟城**</u>（今<u>青海湖</u>附近的<u>共和縣</u>，<u>鐵卜卡古城</u>），就是史書記載的**吐谷渾國**，是青藏高原上最早佛化的國家。宮殿佈局有明顯的漢風，官制、王公和婦女服式，略同於漢族，並使用漢文。隋、唐王朝都曾以公主和親。

吐谷渾，實質存在了 378 年（西元 285-663），一度曾經是東西方絲綢之路的另一條重要幹線。唐代時，亡於**吐蕃**（西藏）。

166

《南北朝》　西元 420-589　　南北戰爭，混出新型"中國人"

西元 439 年，北魏統一了中國北方，結束了中國北方的五胡亂華時代。這時，中國北方是個統一的鮮卑政權，中國南方則是個統一的漢政權。中國南北王朝的競爭，正式開始。下面的敘述，以北朝為主軸，夾雜南朝以及外部情況。

南朝、北朝各自在時間上的展開次序列為：
北朝：北魏（386-534）→ 東魏（534-550）→ 北齊（550-577）
　　　　　　＼西魏（535-556）→ 北周（557-581）
　　　　　　　　　　　　　　　　　＼隋（589 統一中國）
南朝：劉宋（420-479）→ 南齊（479-502）→ 南梁（502-557）→ 南陳（557-689）

拓跋鮮卑的北魏，實質存在了 149 年（西元 385-534），是整個魏晉南北朝時代，長城內壽命最長的國家機器，比第二名的東晉王朝還長（存在了 103 年）。

西元 467-499 年，魏孝文帝**拓跋宏**在位。這是中國史書著墨很多的皇帝，因為他堅決推行澈底的漢化，王族改姓"元"，同族的鮮卑貴族禿髮（也唸"拓跋"）則改姓"源"。西元 493 年，更不顧包括太子在內的鮮卑貴族的反對，遷都洛陽。遷都後，禁止鮮卑服飾和鮮卑語，朝廷官員全改漢姓、並落籍洛陽，把鮮卑貴族門閥化，鼓勵他們和漢人士族通婚。魏孝文帝的統治，有一系列整頓吏治、抑制豪強的措施，分配土地、平均稅賦、鼓勵農耕，農業生產富裕起來，連帶桑、酒、牧和手工副業、工商都呈現繁榮，澈底改變了中國北方的荒涼景象。這給後來隋唐的統一，打下堅實的基礎。

隨著繁榮而來的，統治官僚、權貴、豪富奢侈腐化，歷史一再隨人性輪迴。但自從五胡亂華起，華北人口一度銳減到少於千萬，而北魏的一統與漢化，使得中國北方人口暫時恢復到 3 千萬。（西元 520 年，北魏人口普查的數字）

167

魏孝文帝的澈底漢化政策，或許出於睿智，他大概看出來，拓跋鮮卑的騎兵，對付農耕民族，綽綽有餘，但要對付柔然、再征服草原，明顯不夠看，草原游牧與農耕定居，是截然不同的生活方式和文化。拓跋鮮卑既然已經入關百年，再回歸草原也沒有可以容身的地盤，何況關內生活舒服多了。既然選擇了定居，就要夯實統治基礎，同化入漢人社會，是拓跋鮮卑部落唯一長治久安的路。

魏孝文帝做出了歷史性的抉擇，他的拓跋鮮卑族人卻因為漢化或不漢化而分裂了，雖然最終整個拓跋鮮卑部落還是定居了下來成為 "中國人"。。。 終魏孝文帝之世，拓跋鮮卑始終存在不願漢化的部落勢力，尤其在直接面對 "世仇" 柔然的前線軍區，山西大同北邊靠長城邊的**六鎮**（6 個部落軍區），他們保留鮮卑習俗和語言，成為鮮卑文化在長城內的最後據點。

西元 523 年，柔然饑荒，**阿那瓌**可汗，率 30 萬大軍，將六鎮劫掠一空。北魏政府隨後的處理，蜻蜓點水，無濟於事，於是六鎮貴族與流民都造反，北魏荒唐到請柔然派傭兵協助平叛，阿那瓌再次領兵 10 萬澈底鎮壓六鎮，北魏政府將 20 多萬流民安置到正鬧著水旱災的河北，饑民無處就食，紛紛逃亡。西元 524 年，六鎮鮮卑部落為主的流民在河北再次造反，最終導致北魏政權崩解。

再次造反後，**葛榮**成為首領，號稱百萬之眾，四處覓食，只知屠掠，跟草原游牧似的（東漢**赤眉軍**的翻版）。其中兩位胡人，**高歡、宇文泰**，脫穎而出，掌控華北，分別成為後來**北齊、北周**的老祖。

北魏政府平叛過程中，晉北一個**契胡**酋長**爾朱榮**（跟羯人類似的白匈人）向曹操學習、散家財、招兵買馬，以 1400 騎起家，很快發展出一支契胡勁旅，準備打天下。

西元 527 年，葛榮率眾圍攻鄴城(今河南安陽)，仍號稱百萬，估計，真正的戰鬥部隊當不下十萬，打算一舉滅魏。爾朱榮只帶了 7 千騎兵，每人 2 匹馬，從晉北直撲鄴城。爾朱榮將騎兵的作用發揮到極致，他只規定了 2 條簡單原則：
①驅散敵軍，
② 不以斬首論功。
所以，兵士雖然帶刀箭，但多以長棒揮擊。

葛榮的部隊被數千騎兵忽左忽右來回衝擊，十幾萬人馬竟然被衝散，中軍曝露，於是爾朱榮回頭集中兵力，殺向葛榮中軍，生擒葛榮。這年，爾朱榮 34 歲，威震天下。

隨後的處置，充分顯示爾朱榮的才智：數十萬降兵，就地解散，一概不問去向，各自帶上家眷，回老家去！等這些游勇走出百里，散兵散得抱不起團來，再臨機押遣。北魏政府動員的後續部隊，還沒集結，戰事就已經結束。

圖：維基百科,南北朝。俊武作 西元 475，魏宋對峙

圖：維基百科,南北朝。俊武作 西元 500，魏齊對峙

降兵裡頭，**宇文泰**是其中之一，（那時是葛榮軍的青年將校）被收編成為爾朱榮的一個部將。而早先已離開葛榮、投靠爾朱榮的**高歡**，那時已是爾朱榮的將領，戰鬥之前，憑著人脈熟悉，陣前就收編了萬餘人。

西元 528 年，北魏宮廷發生**靈太后**為獨攬政權，毒殺皇帝（她的親生兒子），並另立一個 3 歲幼帝的事。爾朱榮認為時機已到，祕密聯合一個聲望的高宗室王，並率軍進攻洛陽。當然，如入無人之境。靈太后與幼帝，被扔進黃河，宗室王成為傀儡皇帝。

但隨後的處置，駭人聽聞，顯示爾朱榮欠缺政治頭腦：他騙滿朝文武百官說，請他們跟新皇帝一起出城祭天，在黃河南岸，把這 2000 官員全部屠殺，就是"河陰之變"。基本上，北魏朝廷的"漢化派"，鮮卑族和漢族官員，一次報銷。

洛陽震恐，居民率先棄城出逃，京城立刻蕭條下來。民憤太大，爾朱榮也不敢進駐，留在山西，遙控傀儡皇帝。這時，中國南方已經歷 3 朝，**劉宋、南齊、南梁**。

劉宋的劉裕是個平民皇帝，赤手空拳打天下，但繼任的劉家人卻不怎麼地，有弒父篡位的、殘殺手足的、荒淫暴虐的，最後，被一個高門第的**權臣蕭道成**奪去，就是**南齊**。怎麼來，怎麼去，23 年後，南齊也被蕭家族內的權臣**蕭衍**奪去，就是**南梁**。

蕭衍倒是個還不錯的文人皇帝，生活儉省、工作勤奮，但東晉南朝歷來的吏治、加上士族豪強的既得利益，需要動大手術，劉裕做不到，蕭衍也做不到。南梁初期，蕭衍重用的士族**范雲、周舍**，都是幾近兩袖清風的清官、並且有才幹，加上皇帝帶頭節約、帶頭勤政，20 年間，政績斐然，建康京畿附近，到蕭衍死，50 年間沒發生過內亂（東晉南朝以來的頭一回）。蕭衍做到了知人善用，但最終敗在蕭衍護短，護自家人的短，他大女兒跟他六弟私通，還派刺客殺他，事敗、刺客被抓，女兒沒臉見爸爸、自盡，蕭衍居然沒怪罪六弟，縱容到這份上，他對官僚士族利益集團，自然也寬容。

西元 525 年，北魏亂象畢露，徐州地方官叛投南梁。蕭衍派**陳慶之**領兵 2000，護送次子蕭綜去接收徐州。北魏派宗室領兵 2 萬阻擊，被陳慶之打敗，這是陳慶之生平第一次打仗，而陳慶之做為武將，弓馬功夫兩不行，是個儒將，主要靠生活簡樸、有膽有略、與士卒同甘苦，兵士願意效死。這些長項，卻無法阻止任務失敗：蕭綜到了徐州，叛投北魏！因為，蕭綜行前，人老珠黃的老媽竟然告訴他：老媽原是南齊廢帝的妃子，被蕭衍接收七個月後就生下他，蕭衍雖對他視如己出，卻是他的殺父仇人！於是，陳慶之把人送到了，蕭綜也帶著徐州叛投了，陳慶之只能迅速撤退回南方。

****

草原上的柔然鮮卑

世人對柔然的瞭解，不如匈族，中文的記載算多的，確定了他們長期是拓跋鮮卑轄下的一支鮮卑部落。由於北魏拓跋燾厭惡這支崛起的同族部落，故意稱他們為"蠕蠕"（漢譯音的，柔柔、芮芮、茹茹、蝚蠕，都是柔然的名號）。西元402年，柔然首領社崙自立為丘豆伐可汗（khan，和單于Chan，都是通古斯語系的轉音），稱雄蒙古草原，最有名的是大檀可汗（韃靼、達達、塔塔爾，都是漢譯音，他的後裔甚至以韃靼為部落稱號）。柔然有冬季南下河套陰山放牧的習慣，並不斷劫掠長城邊邑。"敕勒川，陰山下，天似穹廬，籠蓋四野。天蒼蒼，野茫茫，風吹草低見牛羊"就出於柔然民謠。

柔然跟原來的宗主國，南進的拓跋鮮卑，從未停止摩擦，儘管拓跋燾打敗過大檀，並因此雙方也和親過，戰事幾乎年年發生（對北魏而言，是"蠻族寇邊"）。極盛時期的柔然汗國，疆域不下於匈汗國，並且因為拓跋燾滅佛，許多北魏僧侶和佛教徒避難投奔柔然，加上那時中亞、西域崇尚佛教，柔然汗國成為佛教國家。

西元487年，柔然轄下打鐵的部落，貝加爾湖西邊的鐵勒部落西邊中亞（今土庫曼地區），便是後來的突厥（鐵勒酋長被柔然封為頭曼，萬夫長的意思，也是司馬遷筆下的漢譯音屠耆、匈語的頭門或頭曼）。

西元552年，突厥可汗求娶柔然公主被拒，柔然當時的阿那瓌可汗對突厥使者說：你們不過是為我們打鐵的奴匠，有啥資格娶公主？突厥大怒，蕭衍本來就是個文人，經過這兩次家庭打擊，心理承受達到極限，改信佛去了。西元 527 年，皇帝到同泰寺，捨身做了 3 天和尚。加上，范雲早死，周舍死於西元 524 年，繼任人是個皇帝的馬屁精，而且貪腐。

****

進擊柔然，阿那瓌輕敵，戰敗被殺。不久，突厥也消滅了柔然的同盟<u>嚈達</u>。典型的草原風暴，突厥瞬間成為蒙古草原直至中亞的主人。

因為跟北魏摩擦，柔然歷來一直與漢政權結盟抗魏，並結盟白匈汗國，以節制中亞。又因為柔然控制中亞與西域，中亞西邊的安息（波斯，伊朗）也就通使北魏以抗柔然。西元 460 年，柔然滅吐魯番的佛

圖源：維基百科，五胡十六國。 作者：Walter Grassroot

大乘佛教传播路线

國高昌，北魏無法救助，柔然進逼敦煌，北魏方才做出反應。柔然歷史，可以從中亞與西域各國歷史記載中，拼湊出許多細節。

受佛教影響後，柔然汗國一度與北魏和解，資建大同雲崗、敦煌莫高窟等佛窟。其盟友嚈達也在阿富汗興建了聞名於世的**巴米揚大佛**（西元 2001 被塔利班炸毀）。

全盛時的柔然，轄下的中亞與西域，成為新興的大乘佛教轉播站。由於柔然的保護，雖然後來中亞和西域整個地區轉信回教，蒙古大草原依舊是佛教天下。最終，佛教在中國生根、本土化，成為幾乎沒有印度信徒的印度教， 跟耶穌教是幾乎沒有猶太信徒的猶太教類似。

北魏在西元 534 年分裂後，東西兩魏都和親柔然，引為奧援。

突厥擊殺阿那瓌之後，柔然也分裂為東西兩部，東部柔然投奔繼承東魏的北齊，不久復歸草原。西元555年，突厥徹底擊潰西部柔然，西柔然可汗帶著3000殘兵也投奔北齊，但北齊已得罪不起突厥，在突厥使者威逼下，北齊交出投歸的柔然可汗人馬，通通被突厥按草原規矩斬殺，中男以下倖免（不殺低於大車，牛車，車軸的男孩，約1米高度），發配給王公貴族為奴。

這時，大約有2萬騎柔然部落，更向西逃避，輾轉到達東歐。西元558年，自稱"阿瓦爾人"（Avar）的異國使團抵達君士坦丁堡(今土耳其伊斯坦堡)，請求與拜占庭的東羅馬帝國結盟，大大地震驚了西方人。

不久，突厥也派來使團，抗議拜占庭人接納阿瓦爾人，這時的西方才知道，阿瓦爾人就是柔然人。拜占庭選擇與較為強大的突厥人結盟，以對付死敵波斯，阿瓦爾人則拉攏波斯夾擊拜占庭，並先後征服了保加利亞、捷克等地，在東歐平原上重建柔然汗國，保加利可汗（漢譯音，保加鹿、保爾加等等）跟韃靼可汗一樣有名，其後的伯顏可汗，更成為中歐強權，用匈汗國對付漢王朝的手法，迫使拜占庭和親、納貢（以東羅馬金幣繳納）。歐亞草原風情的金飾，Bulgari，成為歐洲時尚至今。當然，最有名的是"中國馬靴"，馬鐙，是柔然帶到歐洲的。

實際上，柔然部落大概以蛇為圖騰，自稱"茹茹"。雖然不特別嗜殺，鐙在馬上衝殺自如的騎兵，始終是東西方世界畏懼的東西。突厥人稱他們為"阿帕爾人"（Apar），隋唐時代的中國人隨著突厥稱他們為"阿拔人"，都是阿瓦爾人的轉音。滿語中的"Abahai"(漢譯音，"阿巴亥")，突厥語中的"Abakan"（阿巴坎），都是蛇的意思。後來，金、遼、蒙古、滿清，叫"阿巴亥"的人多了。西方電影的"蠻族"影像，許多也用蛇圖騰。

草原上的柔然，跟西方世界的關聯，大致如此。他們上承匈族，下啟突厥、遼、金、蒙古、滿清，歐亞草原繼續產生對後來東西方世界的重大影響。

****

南梁就此一瀉千里。蕭衍後來多次“捨身為僧”，大臣要從國庫裡捐許多錢給同泰寺把皇帝“贖”回來，偏偏蕭衍活到 85 歲，當了 47 年皇帝。魏晉南北朝時代的中國，真的很“無常”。

西元 529 年，那時當朝的梁帝蕭衍，大概想把北魏的渾水攪得更渾，派**陳慶之**領兵 7000，護送一個河陰之變後投靠南梁的北魏宗室回洛陽當皇帝。這個北魏宗室的皇帝夢沒做成，卻造就了陳慶之的傳奇英名。這年，陳慶之 45 歲。

陳慶之是江蘇宜興人，寒門出身的知識份子，中年之前的“工作”，主要是陪侍皇帝下**圍棋**，蕭衍很愛下棋。那時代，整個中國南方，士族門第基本控制政權，門第不高的“寒門”，真正是“臭老九”，難得**翻身**。所以，西元 529 年，蕭衍派一個 45 歲的寒門儒將，陳慶之，只領軍 7000（穿白衣，人稱“白袍軍”）向北深入 3000 里路到洛陽，下的什麼棋，古今中外，至今都霧煞煞。

陳慶之倒是堅定的一往直前，他那 7000 人的部隊，一定被他感動的個個都成為真正的勇士。南北兩邊後來的史書記述，當然各有浮誇，現代學者整理出比較邏輯的資料，大致：
① 臨戰 47 次，克 32 城，進入洛陽，北魏軍不戰而走的居多（典型游牧戰法）
② 7 千南軍進攻 7 萬北軍防守的睢陽城（今河南商丘），完成扶立另一個北魏皇帝登基的任務（這“皇帝”急不可耐呀）
③ 攻佔滎陽後（今鄭州），面對北軍合圍之勢，以 3000 騎兵主動出城迎戰並打敗北魏萬餘騎兵
④ 爾朱榮聽到各地戰報，當然率精銳部隊直撲洛陽，最終，陳慶之化裝為和尚、隻身逃離洛陽、返回南梁，走時，所部 7000 人大約剩下 5000，護衛被扶立的“皇帝”，通通被俘。

這個戰事很快就結束之後，爾朱榮繼續敉平北魏各地的叛亂，北魏基本恢復北方統一的態勢，爾朱榮越發自信滿滿。西元 530 年，爾朱榮被他

自己扶立起來的傀儡皇帝（這時，也是他的女婿）誘騙進宮，事先已經有皇帝要除掉他的風聲，爾朱榮依然自信得連武器也不帶、侍衛也都徒手，被皇帝女婿親手刺殺，連帶徒手侍衛倒楣。人性貪欲，權或錢，一再沖昏理智，"歷史"也一再重演。爾朱榮會打仗，打勝仗打到失去警覺性，失去性命，死時，37歲。

蕭衍已經是要出家當和尚的人了，卻還要賭上7000條命去博什麼？被陳慶之扶立的北魏"皇帝"進了洛陽，立刻夜夜笙歌，大概知道好景不長，加速過足"皇帝"癮頭，兩個月後"從容就欲"？ 陳慶之或許算過，即便以當時北魏內部到處起火的局勢，他全身而退的勝算也不大，義無反顧，算是報答主子特拔的知遇之恩？

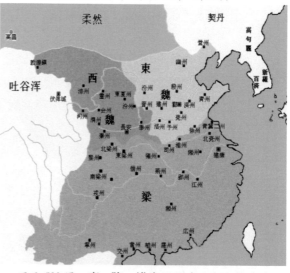

西元550魏梁對峙：維基百科，南北朝。

這些真實發生的故事，有點傷感，算是那個戰亂時代的註解吧。那7000人、那些徒手侍衛，他們展現的不知道是純樸、或勇敢、或信念、或無奈、或生活？。。。

陳慶之回到南京，成為整個南方最傳奇的"軍人"蕭衍派他做了僅有的寒門出身的封疆大吏（僅二例），為南梁鎮守邊州，除了戰功，又多了政績，55歲死去。

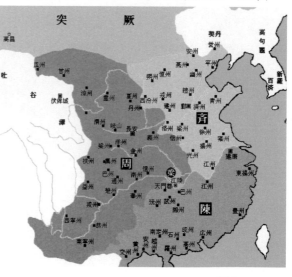

西元580周、齐、陈：维基百科,南北朝。俊武作

爾朱榮死後，北魏皇帝剷除爾朱家族勢力，過程中，**高歡**逐漸掌控了北魏政權，**宇文泰**則掌控了黃河以西地區。結果，皇帝想要聯合宇文泰來清除高歡，被高歡先下手為強，殺了皇帝，西元 534 年立了個傀儡皇帝。第二年，宇文泰也在地盤上立了個傀儡皇帝。兩帝都還是拓跋王，國號都還是魏，便稱作**東魏、西魏**，互相攻戰不休。

二十多年後，拓跋家被高家、宇文家分別正式取代，便是**北齊、北周**，但那時，草原已是新興的**突厥**天下，南方也已被**陳霸先**的**南陳**取代。

北魏在孝文帝漢化推行之後華北人口逐漸達到 3000 萬以上，雖經六鎮造反的破壞、兩魏的分裂，西元 580 年左右，北齊尚有 2000 萬、北周也有 1000 萬。西元 548 年的華南，南梁人口約有 1100 萬左右。

西元 549 年，淮南的割據軍閥打下南京，蕭衍被軟禁在宮廷，餓死。南方大亂，北方兩強趁亂進兵南方，南梁靠**陳霸先**領導有方，勉強撐住危局，沒被兩魏瓜分。

浙江湖州本土地主、寒門出身的陳霸先，繼承了南梁的爛攤子，但南方的生存空間被壓縮到只剩一半。

陳霸先只在位 2 年，幸好南陳繼任的統治者，大腦清醒，持續整頓吏治、刺激生產 20 年，到西元 580 年，南陳治下人口也就大約 300 萬。

這些數字只反映了農戶戶籍上的統計數字，南北方士族豪強都勾結官僚、多所隱匿，資料不會準確（尤其是南方）。然而，大致可以窺見，南方已經大勢已去。。

西元 581 年，**楊堅**取代**北周**，建立**隋**王朝。

那時候，北周相對人口較少，為了擴充兵源，很早就採行兵農合一的**"府兵制"**，收募私家部曲，廢除鮮卑人專只當兵（家屬免除賦役）、漢人則專業務農（提供賦役）的舊制。府兵平時屯田生產，農閒時軍訓；東漢以來的募兵制，慢慢回歸為鄉兵制。

楊堅掌控北周政權後，進一步取消胡漢限制（那時，漢兵大抵都有鮮卑姓名，這時，可以恢復漢姓，後來，漢化胡人也用漢姓了），一視同仁，逐漸剝離了士族豪強的地方武裝、集中了政府軍權。

楊堅這些軟體措施，確立了北周和隋王朝的優勢, 大混血後的新型 "中國人" 出現了，混了 400 年，也該時候了。

西元 589 年，隋王朝統一南方，魏晉南北朝時代結束。西元 590 年，楊堅更規定府兵一律編入州縣戶籍，以此兼顧兵源、稅源。

魏晉南北朝時段的中國外部，歐亞大草原是柔然汗國主導，西方世界則是 "五胡亂歐"。比較歐亞兩端的 "蠻族入侵" 事件，只是說明，草原歷史對世界的影響，可能不是 "巧合"。

自然環境賦予中國人一個天然疆界，便是氣候上的農牧交界線，大致就是北邊的長城那一條界線，以及東邊的海岸，中國前人只要拼死守住北邊疆界，大抵也就不會太受外部的干擾。守不住嘛，也沒關係，人總得要種莊稼、吃五穀雜糧，進來的人只要定下來一開始種地，就變成土性的人，慢慢便趨同於原住民的農耕文化。

但環地中海的北非、西亞和歐洲原住民（埃及人、羅馬人或希臘人等），情況大不一樣。那裡的任何國家機器，防禦線比長城還長，而地中海幾乎是個大內海，划船就可以通達，**凱撒**原本計畫以萊茵河、多瑙河為天然疆界，但羅馬帝國需要的防線太長，光陸界就超過長城許多倍，地中海界更防不勝防。羅馬帝國也築過長城，不夠長、也沒那麼多兵力防守。

五胡亂歐，是整個取代歐洲城邦，歐洲文化基本平臺大變，因為進來的人本來就是游牧、類似城邦型的人，小國寡民的原住民城邦倒是很容易 "胡化"，至少互相熔融。

五胡亂華，而融入華，中國文化基本平臺沒變。所以，最終，中國世界依然故我。

歷史其實沒有好壞，只有演化。人類的文明或文化，終究是相互影響的。

由不得我們假設"如果漢光武大帝不募兵"或"如果凱撒大帝不擴張那麼大"之類，人類自己安裝的國家機器軟體，驅使歷史事件那樣子發生。交易、掠奪，是游牧與城邦社會的生存本能，農耕、剝削也是農耕社會的生存本能。智人的人性，只能從歷史數據中，受到啟發，再設計、再安裝、再改進人們自己的軟體。

歷史走到西元 500 年之前的數據，確切顯示，歐亞世界演化的催化劑，來自草原。至少在人類海洋機動時代來臨之前，人類的游牧機動力，便提供了文明攪拌器的作用。

攪拌，對被攪拌的，當然感覺酷烈、痛苦無比。起碼，業已習慣的那套生活方式，習性軟體，要被迫修改、重塑。這樣的基因和文化的混融，卻也可以看做是人類演化的一種自然方式，基因和文化畢竟不會永遠讓慣性單一化下去。

對中國人而言，攪拌的方向，自北而南。
對歐洲人而言，攪拌的方向，自東而西。
對美洲人而言，攪拌，來自四面八方。
而人類基因和文化的混融，"同化"，越來越是個天然程式，無可避免。

歐洲的"蠻族入侵"事件

西元 4 世紀末，西方世界的羅馬帝國也遭受類似的"蠻族入侵"事件，延綿時間更久，"羅馬帝國"再也沒能恢復。直接肇因則跟漢王朝一樣，西元 2 世紀中期，日爾曼諸部逐漸"內附"到中歐，遷徙到萊茵河、多瑙河西岸，進入現今的德國、法國地域。大約西元 370 年左右，匈族西遷，壓迫當時在東歐平原的東、西哥特部族更向西遷徙，他們又押著其他已經在地的日爾曼部族也只好跨過多瑙河、萊茵河，進入羅馬帝國地域。更糟的是，跟東漢王朝一樣，羅馬帝國軍隊，早已雇傭在地的日爾曼"漢化胡人"當兵，羅馬軍隊早已"胡化"。

西元 410 年，西哥特人洗劫了羅馬城。西元 419 年，羅馬皇帝被迫允許西哥特人在高盧（今法國）南部定居，成為第一個羅馬境內的合法王國。這時段，也正值中國"五胡亂華"的高峰，汪達爾人蹂躪西班牙、北非，勃艮第人則佔據了法國。

圖：維基百科，西羅馬帝國。原作：MapMaster

西元 450 年匈族阿提拉可汗已經西進到達法國巴黎附近，所經之處，焚掠一空。羅馬軍隊集中兵力，勉強擋住，阿提拉轉而劫掠義大利。設非阿提拉死於非命，匈族大概會就此佔領羅馬。

但羅馬仍難免於西元 455 年被汪達爾人洗劫，而西元 476 年，最後一位西羅馬帝國皇帝被一個日爾曼部落酋長趕下皇位，西羅馬帝國正式畫上歷史句號。這時，中國南北朝的對峙才剛剛開始不久。

100 年後，阿提拉的後繼人不敵西邊的柔然人，匈人後裔融入柔然、日爾曼、斯拉夫諸部，成為匈牙利人。大約 300 年後，柔然汗國被新興的法國查理曼大帝消滅，查理曼從布拉格獲得的戰利品，黃金，以噸計，大多是東歐的柔然汗國歷來從東羅馬帝國刮來的。退回保加利亞的柔然人，最終也跟在地各部族融成一塊，再也看不出通古斯人形象。

179

"五胡亂華"事件,表象發生於西元 4 世紀初,前後四百年。直接肇因則是漢王朝政治腐敗,東漢王朝為抵禦匈汗國,一方面允許游牧民內附或成為傭兵,一方面實施募兵制,引致軍閥割據。真正入侵的是諸部鮮卑;其他早已"內附"的部族,大致也可說是"中國內亂"。

《新型中國人的中國文化》 掺進胡風與佛味的漢文化

無論國家機器的形制如何,只要有國家,就有戰爭與和平,而且,國家內部也一定存在爭權奪利或文明創造。

中國歷史的王朝更迭,並不奇怪。地球在演化,環境在演化,人群社會也跟著在演化。人史能夠比較詳細記錄下來的第一次社會大混亂,是中國的春秋戰國時代,以大一統的漢儒文化做為"華人"的象徵而結局。人史能夠更詳細記錄下來的第二次社會大混亂,還是中國,魏晉南北朝,結果混出新型中國人,並出現中國文化新版本,一個吸收了草原和印度佛文化元素的"中國文化"。

長城內,漢儒文化依舊,但中國人的意識已經大不相同。

游牧各部遷徙到中國北方各地,長期跟漢地人民交流血緣和文化基因,北魏的漢化政策,最終使長城內的北方人通通融合成"漢人"。然而,"漢人"在漢代的原意,更接近現代西方的政治話語,不過是"漢國人"的意思。

漢儒文化平臺,使得各族新"漢人"在新的"漢文化"裡,成為新型的"中國人"。在這個時段裡,原有的北方漢人,大量移民南方,墾殖的結果,也改變了整個華南的生態。魏晉南北朝結束的時候,華南已經占到當時中國世界經濟與人口比重的 30%左右(整個漢代,這比例不過 15%)。先後的移民數量,可能高達 500 萬(西元 360 之前,南方的軍隊近百萬,基本上,是南渡的北人),總量甚至超過華南各地原住民的總和,澈底改變了中國南方的風貌,黃河流域的人口、農耕技術、生活方式,整個搬進華南。

春秋戰國時代,人口的擴張,屬於自然繁衍,拓殖原地附近的荒地。後來,秦漢第一波規模性的移民,北邊是河套和河西走廊,南邊是粵贛湘一線,屬於政治性移民。例如,秦王朝在廣東以及華南各處據點,共留下 50 萬南征部隊,當地無疑會散布著這些人的血緣和文化。

魏晉南北朝時代的第二波大移民潮,規模遠超第一波,主要填充了安徽、江蘇、浙江、福建、江西、湖南、湖北、四川。因為屬於逃難性質,許多移民寧可選擇山區,與原住民交融,以保障安全。

由於漢儒文化仍然是社會的主流,漢文化軟體的崇祖特性、文化的話語權,使得 "漢人" 成為此後 "華人" 或 "中國人" 的代名詞。現代西方政治話語的 "民族國家主義" ,中國人早已實現過,並且發現,行不通。中國人的文化主義話語,老早大於國家主義話語。

現代中國人口,男性的漢族基因約占一半比例,自認為是 "漢人" 的比例,則約 90%。而女性的基因比例,隨地而異,大抵以百越、苗瑤、羌漢、通古斯為主,各地差異很大。南北漢人生活習性和長相上的差異,環境,是最大因素,其次是母系基因。

因為移民數量大,使得閩粵贛等山區保留了大量中原文化的原汁原味,例如,閩南語叫做 "河洛話" ,嶺南山區的 "客家人" 男性的 "漢族"

基因（指的是人類學上的羌漢族系的 03 基因標記，回頭看第一章）比例高達 60%，比今天南北漢人的平均值多出 6 個百分點。閩南人和客家人的文化，成為研究秦漢時期中原文化的現代活化石，包括當時的語言、語音、生活習慣等等。

總之，混血混出新型的中國人，以及，多個文明元素的新型中國文化。

"漢人"，實質上，主要是文化認同，其次是氏族認同（比如，姓氏，漢人對同姓有強烈的同宗感情，恰巧是最科學的基因學規律：Y 染色體，父親只能遺傳給兒子，因此，嚴格的姓氏制度，是親緣關係的最佳寫照，除非發生概率極低的 Y 變異），遠大於國家認同，不能以西方政治的 "民族或國家主義" 來解釋或取代。

魏晉南北朝時代，歐洲的羅馬帝國也遭受類似的 "蠻族入侵"，不妨叫做 "五胡亂歐"，當然，環境不同，歐洲再也沒有統一過，這並沒妨害羅馬文化的傳播，羅馬文化仍然是當時歐洲最先進的文化，只不過改以耶穌教為教化載體罷了。羅馬帝國崩解後，歐洲史上，延續羅馬帝國的 "正統"，一個在東南歐，"希臘化" 的**東羅馬帝國**（**拜占庭**，在今土耳其伊斯坦堡），一個在中歐，日爾曼化的**神聖羅馬帝國**（今法國、德國、義大利）。每一個想要統一歐洲的國家機器，無不祭出 "羅馬"，甚至到了近代，東歐的俄國沙皇（Caesar，就是凱撒大帝的義大利原音，"西撒"，漢譯的 "沙" 音），也要搞點羅馬情結。歐洲人認同 "希臘" 羅馬文化跟中國人認同漢儒文化類似，這是文化認同。

歷史無由假設，但我們不妨議論一下：如果當年歐洲再次統一，會是什麼景象？

就以打敗柔然汗國的法國**查理曼**大帝為例，幾乎統一全歐，假設他統一歐洲，國號還叫羅馬帝國，是不是從此歐洲人也會稱自己為羅馬人？答案肯定，不會。因為，羅馬帝國的羅馬人，從來不是多數，羅馬帝國從來就是少數統治多數，歐洲實際更像似諸部游牧的草原，利益上、生存上的考量，使得小國寡民的國家主義或部落主義，遠大於同種（比如，法、德）、同語（比如，德、奧）、同文化（比如，今日的歐洲）的考量。

五胡亂歐之後，諸部日爾曼是歐洲最大的血緣族群，文化平臺也一樣是（"希臘" 羅馬+耶穌教），照樣分裂為法德英荷等國，互相攻戰。

現代中國人已經搞不清楚，生活習性中，哪些來自草原或西域了。
只說其中 3 件：

① 坐椅凳、上桌子、大盤菜、一起夾菜吃飯，睡床。

　　魏晉之前，漢人席地而坐（墊子）、各有矮几、分菜各自吃飯，睡塌。

② 音樂和舞蹈。

　　原來的古琴、秦箏、磬，老早不敵流行的胡琴、鼓鈴、胡旋舞等。有名的 "花木蘭從軍" 故事，明顯是北魏背景，詩詞開頭就說 "可汗大點兵"，只有北朝的皇帝才兼有可汗的身分，興許花木蘭是胡人，才有從軍的義務，而且要自備弓刀馬匹。。。花木蘭被徵召到漠北打仗，打的是鮮卑同族的柔然。

③ 雕像藝術，以及，大乘佛教。
　　包括武術（內功吐納，其實也是一種瑜伽，而各式猴拳、禽虎招數，是典型印度古人向動物學習的練功把式的延伸）。

這些，連同漢代儒文化、地方農莊塢堡形成的士族**大家庭**門第（後來的 "地主"、"鄉紳"），都成了從那時候起的，華人的 "中國文化"。

由於進入南方的移民，數量龐大，當時的華南，叢林沼澤遍布，雖然南京附近瞬間開發，南京本身也一躍成為當時中國最大城市，但技術轉移並不均勻，大量移民到更南方地區的人群，為了生存，仍舊 "刀耕火種"，開發與繁衍與文明的過程中，生態的破壞，無疑相當可觀。

（甲）　　經濟與技術

東漢軍閥混戰到魏晉，一百多年，西晉短暫的統一（只長 23 年），人口從 1000 萬增長到 2000 萬。西元 280 年，西晉王朝統一中國的時候，南北方人口總數約 1600 萬。後來，戰亂開始，記錄能看到 1000 萬數字的，北方是西元 370 年達到，南方則是西元 548 年達到。而北魏孝文帝推行漢化政策之後，西元 520 年和 580 年的記錄，都是 3000 萬，之間的西元 534 年，北方人口一度減少到 2000 萬。隋王朝再統一中國的西元 589 年，南北方人口總數約 4000 萬，大抵符合南北方的史書記述。

所以，從人口數量看，西元 189-589 年間，北方，長期戰亂下的人口總數，翻了 2 翻以上，回到 3000 萬，而內附的各游牧族群的人口，起始不會多過 300 萬。南方，由於北方漢人大量移民，人口總數，翻了 3 翻以上，到達 1000 萬，而原住民的起始數量也不會多過 200 萬。戰亂流血，顯然並未遏止文明和人口的增長，這也跟春秋戰國時代有所類似，雖然難免一時的相對降低。可見智人的生命力與適應力，多麼強勁，農業生產方式，對人口的增殖多麼刺激。

東漢末年到魏蜀吳三國時代，正常商業活動近於停頓，社會上以物易物是常事。蜀國佔據銅礦優勢，蜀錢成為蜀國經濟最有力的支柱，甚至通行全中國，魏王朝還刻意輸入蜀國銅錢，藉以潤滑商業流通。

魏晉之前、東漢末年的軍閥割據與混戰，農業人口針對這種政治局面的適應，老早就開發了南北士族的塢堡莊園經濟，實際是 "地主經濟"，各地士族的政治權力，不亞於當時的統治王族。"莊園" 經濟，不過是把全國範圍內的小農經濟，分割在眾多細小的塢堡莊園的勢力範圍裡執行起來，庶民還是庶民，統治者的層級，除了 "政府" 官吏、還有 "塢主" 士族等大地主，社會管治成本、農民負擔，無疑大增。魏晉南北朝時段，割據與戰亂，使得工商流通交易不便，莊園經濟，只好儘量自給自足，整體社會經濟自然萎縮，民間交易，基本上，鹽、糧、布，等同貨幣。但南北各王朝的貴族競相奢侈浮華，南方的海外貿易、北方的西域貿易，奢侈品商業，不退反進。

北魏孝文帝實施漢化，頒佈了 "均田令"，由政府直接分配土地給農民，意圖師法秦漢、恢復小農經濟，跟士族地主爭奪土地和人民，北方經濟復甦的速度，實際超過大量土地被莊園和寺院壟斷的南方。北魏末年，西元 540 左右，北魏一個地方官，**賈思勰**，著作了中國最重要的農業專書，**齊民要術**，將黃河中下游的實用農業經驗總結，並分類為穀糧、果菜、畜養（含家禽、魚）、獸醫、釀造、儲藏等，詳細到可以看出當時中國人怎麼進行人工選擇交配、育種。賈思勰的專著，後來的統治者當作 know-how 寶貝，甚至不許不相關的官員閱讀，使得一般知識份子不大明白這本書對中國的重大影響。齊民要術書中，提到數十種中原以外地區的可食用植物，南北方農業資訊或物種的交流，很明顯。賈思勰對中國農業的影響，無疑很大，無論怎麼推崇他為 "人民的賈思勰" 都不為過。齊民要術，白話的意思，就是 "老百姓謀生的重點知識" 或 "怎麼教老百姓謀生"。

經濟萎縮了，稅率比漢代低，曹魏王朝以後，實物（糧、帛）徵收田租和戶調，但編戶的自耕農數量大大減少（士族所占土地總和，近乎全國土地之半），使得徭役負擔特別沉重。史書記載，曹操 "分離天下"，服勞役在外的人幾乎終年難得與家人一聚。這成為**魏晉南北朝**的常態，尤其是權貴、官吏、士族之家有免役的特權，而富人還可以折錢代役。又由於連年戰亂，人口降低，戶調稅也持續加重。整個魏晉南北朝時代， "庶民" 其實跟 "農奴" 相差不遠，而特權階層屬下的佃戶、僕役，本來就有奴隸的性質。。從這個意義上說，中國這個時段的社會，最接近歐洲中世紀的、西方所謂的 "封建（地主世襲）" 與農奴的架構。

由於王朝壽命短暫，各地規矩不一，難以表述老百姓承受的實際負擔，大抵，肯定超過東漢時代。特權與士族，是實質上的經濟與政治上的割據。在這樣困難的情況下，智人的大腦倒開足了馬力，增進效率，生產技藝比兩漢更為先進。

這時代的器物形象，充分反映出各族文化的混融。同時，中亞異域風情的金銀器也流傳到了中國，激發後來中國金銀器製作的風味。

武士俑

紡織，三國時期的蜀錦（具備有花紋圖案的織繡），東吳江南的絲織，曹魏北方的織造，無論質與量，都有長足進步。煉鋼，直接關係到兵器和武力，這時已經制式化 “百煉成鋼” 技術，手工量產。瓷器，北方生產白瓷，南方生產青瓷，都達到相當水準。造紙，也已制式化，南北方都有集中的造紙業城市，紙的普及，使得書法、繪畫大大長進。

飲食方面，三國時期，蜀國發明了饅頭，後來，北魏也盛行各式西域傳入的烤大餅、炸油餅。魏晉開始，喝茶，從宮廷（漢王朝通雲南後，就有茶了）普及到士族。

在民生艱困的時刻，知識份子的思想落實到應用技術，但技術的開發，自然落實到求真的科學邏輯。

西晉的**裴秀**闡述了地圖繪製原則，北魏的**酈道元**則進一步實地考察水文，寫了**"水經注"**，成為人類史上第一個地理學巨著，將歷來許多虛擬的、模糊的中國水文，第一次實證為水文地理。

劉宋的**祖沖之**（西元 470 年前後），繼續深研曹魏時期**劉徽**的數學，求得近代數學之前，最嚴密的圓周率數值，3.1415926-3.1415927之間。他兒子**祖暅**繼承父業，也求得直徑為 D 的確切球體積公式，$\pi D^3/6$ 。可惜，當時就沒太多知識份子能真正理解他們的著述，很快就完全失傳。

現在看來，**劉徽-祖沖之**，這一脈的 "術" ，必然就是近乎現代微積分的算術版。他們大概還未能將之 "數學化" 或 "公式化" ，但肯定已經具備成熟的數理邏輯概念與方法學，才有可能讓當時的中國知識份子推算出回歸年為 365.24281481 日（今測 365.24219878日），木星公轉週期為 11.858 年（今測 11.862 年）。

祖沖之父子推定的曆法，無論歲差和日月蝕的預測，都要比前此的曆法準確得多。他們也是中國真正意義上的理工科學的第一個先行者，這從他們發明的**水力碓磨**等（直到現在，中國南方農村仍有使用的），可以看出他對機械的系統知識，雖然他還沒真正進入現代所謂的物理學的範疇。

（乙）佛教的普及、道家的玄化、以及儒道佛三教的合流

沒有人說得清楚，打從什麼時候開始，人類就懂得埋葬死者。考古發掘的尼安德塔人的簡單墓葬，大約有 10 萬年歷史，唯一倖存的我們智人這一支人類的老祖宗，可考的簡單墓葬，也有 3 萬年以上。埋葬死者，顯示，老祖宗們相信有靈魂和鬼神的存在，這是他們對一切不可知的世界的天然詮釋，包括宇宙浩瀚的數量級和概率發生的偶然性。隨著文明的演化，老祖宗的原始社會裡，就有了"原始宗教"，比如，薩滿和巫蠱等"信仰"，其實，反映著人類的"原始理性"，給不確切明白的事物，比如，生與死、或任何無可奈何的事件，找個解答。

信仰，是人類從老祖宗那裡留傳下來的普遍軟體，宗教的定義，則有現代西方話語的內涵，大抵，"宗教"被定義為，需得有固定的廟宇、經典、儀式、傳教士與教會組織，當然，還有信徒，簡直跟國家機器一般。但是，夏商周在黃河流域開發的中國文明，經過相當理性的周王朝統治後，中國古人自然的神靈崇拜、圖騰崇拜、祖先崇拜，大量被理性化為社群儀制與思想信念，相當程度地成為中國政治話語的一部分，這樣，中國人似乎沒有了"宗教信仰"…。但一碰到大事或亂世，社會崩解，人們自然回復老祖宗的狀態，尋找宗教信仰、尋找心理慰藉、尋找"怎麼會這樣子"的答案。。。中國人發生意外，最普遍的吶喊，不是"媽呀"就是"天啊"。相對說，絕大多數老外喊"我的神呀"。。。宗教信仰，是激情的。

戰國到兩漢，雖然文明了許多，但知識畢竟不能跟現代比，巫蠱和圖讖之風，一直很盛，人們心裡當然有鬼神的影子。民間更直率，地上有專制王朝，天上也就有"上帝"和各級"天官"，道教，於焉產生。老百姓造反，太平道教、五斗米教等等，都是"黃老之術"的"宗教版"，廟宇、經典、儀式、傳教士與教會組織，樣樣俱全。道教，算是中國本土宗教，民間婚喪喜慶的儀式，至今還是大半少不了道士。

188

到了**魏晉**時期,中國知知識份子做為統治階層的一部分,老本是儒家,人本嘛,豈可簡單認命了事?但入世嘛,沒能力解決戰亂,出世嘛,又不能裝神弄鬼,無可奈何之下的逃避,只好鑽進道家的本體論,專拿**易經、老子、莊子**來研究研究,清談論辯性命與天道的"本質",玄之又玄,虛之又虛,就是"玄學"。

至此,儒家與道家合流。

這時,中國北方,五胡亂華,真正入侵的主力是草原上的鮮卑諸部。在鮮卑汗國取代匈汗國之前,草原西邊的中亞和西域諸國,早已是佛教世界。簡單說,繼承草原霸權的鮮卑和柔然,入關之前,也繼承了草原上的流行時尚,發源自印度的佛教。游牧部族把西域的佛教信仰帶進了中國北方,隨著北方王朝的統治,宗教藉皇家政治力量而普及,這才是兩漢並不普遍的佛教真正立足於中國的原因。

人類社會,都需要"**教化**",中心思想或信仰,這是早期人群社會軟體的必需品。教化的軟體平臺,無論是宗教還是儒家思想,都靠政治力量(國家機器)普及。儒文化靠漢王朝普及,佛教靠印度的**孔雀王朝**,耶穌教靠**羅馬帝國**,後來的伊斯蘭教則靠**阿拉伯帝國**。

曹**魏**王朝開放中國人可以出家之後,史書記載,**西晉**時期,共有佛教寺院 180 所,僧尼近 4 千人。

東晉初期,寺院已發展到近 2000 所,僧尼近 3 萬人,同時寺院也擁有田地、奴僕、佃戶,開始存在寺院經濟。這個時期譯經數量大增,翻譯品質也高,當時出現許多大乘名僧,最有名的 2 位:

(1) **東晉**的**道安**(西元 350 年前後),按照漢代整理中國古籍的方法學,嚴謹考據市面流傳的佛經版本,區分真偽謬誤,儘量重新修譯,並訂立寺院僧尼戒規。針對當時和尚跟從師父的"**姓氏**",比如,姓**安**(息)、(月氏)**支**、(天)**竺**、**康**

（居）等等，而西域各國有多少國的僧侶在中國傳教，佛教有多少門派，因為那時老外沒有跟中土一樣的姓氏制度，中國人就以其國做為其姓。道安打破這些沙門框框，規範中國本土和尚，統一姓 **"釋"**（從佛陀俗姓，**釋迦摩尼**，漢譯音的第一個字，表示都是祖師爺的門徒）。

道安本是儒生出身，宣講大乘**般若**（理解萬物本源的那種智慧），他把佛家的 "性空" 聯結到道家的 "本無"，大受南方（東晉）已經偏向玄學的知識份子歡迎，號稱 "本無宗"。又把漢代以來零散的中國佛教，系統化為僧團的組織、戒律、形象，傳教非常成功，連北方（那時是，前秦）都信服。

西元 378 年，**苻堅**（前秦）打下東晉的襄陽城，道安被俘虜到長安，苻堅為他組建了幾千人的道場，除了傳教，便是譯經。7 年後，道安卒。

(2) 西域**龜茲**的國師**鳩摩羅什**（西元 380 年前後）的情況比道安更特殊，這是個傳奇人物。西元 383 年，信佛的苻堅派遠征軍打下龜茲，目標就是鳩摩羅什。遠征軍押回鳩摩羅什的途中，前秦崩解，他被自立為王的司令官留在甘肅（**西涼**），西元 401 年，**姚興**（**後秦**）打敗**西涼**，鳩摩羅什終於被迎接到長安，這年他 58 歲。鳩摩羅什天生聰穎，7 歲時隨母親出家，母親說：他會歷經磨難，但最終會到達東方傳教。他也確實是被 "搶" 到中國來的，路上走了 16 年…！但澈底學會了中文。

姚興也為他組建了幾千人的道場，讓他安心譯經、傳教。鳩摩羅什通曉梵文、西域文、漢文，具有印度傳統宗教文化的深度，選擇的大乘佛典具備系統教義，其漢譯翔實並標準化（例如，至今依然傳頌的 "金剛經"）。至此，佛教迅速在中國夯實，印度文化真正與中國文化接軌。12年後，鳩摩羅什卒。

鳩摩羅什對中印文化交流還有一個非常特殊的貢獻：音樂和舞蹈。

因為，佛經在印度，是拿來彈唱的，**"梵唄"**。傳教嘛，要通俗。傳教時，還可以用器樂演播佛曲，信眾載歌載舞。而龜茲，更是以管弦金石樂團聞名西域，包括羯鼓、腰鼓、琵琶、五弦、豎箜篌、笙、笛、簫、拍板、排簫、箏等等。中文的韻與律，當然跟梵文不一樣，文字翻譯可以信、達、雅，文字之外的境界，吟唱，那味道可大不相同，鳩摩羅什還就能給中國帶來印度原味的佛樂，**"梵音"**。我們需要瞭解這點，才會明白**敦煌**和其他地方的大量**壁畫**上，印度佛教的天上人間，飛天舞伎、反彈琵琶、鼓鈴與彩帶與鮮花飄飄的景像，是有舞有聲的。。。

中國佛樂，一開始，是印度化的，而西域中亞的草原和綠洲，音樂是人們生活和表達的重要成份。

鳩摩羅什是史上真正的第一座東西文化交流的大橋。

道安和鳩摩羅什，"大師"或"神人"，他們本身就足夠成為中國北方王朝的戰爭目的，"五胡十六國"君主們的宗教狂熱，可見一斑。宗教信仰，本來就是游牧民族生存的一大精神支柱，苻堅打襄陽、打龜茲，搶道安、搶鳩摩羅什，本質上近乎"宗教戰爭"。君王的熱情，無疑起到跟"罷黜百家，獨尊儒術"同樣的作用，當然，佛教的溫和教義，也跟儒家思想一樣，不能遏止人類爭奪權益的私欲膨脹，寺院或教堂繼續累積各種形式的財富，數量大增的僧團成為龐大的"祭師團"，不事生產，加重了庶民的負擔，僧團上層也照樣貪腐叢生，專制王朝，不用說，繼續輪迴崩解。

到了**南北朝**時期，統治者幾乎都信佛。佛教徒已經遍及全中國，佛教普及到，南北朝各政府都實施一套**僧官**制度，管理宗教事務。

南朝，**南梁（蕭衍）**不但定佛教為國教，而且規定漢族佛教徒"吃素"。寺廟在南方遍地開花，華人也感染了宗教狂熱症。蕭衍還將南音與吳聲注入佛樂，佛樂開始中國化。北朝，北魏政府大開佛窟、大建佛塔。

那時，中國共有佛教寺院 3 萬多所，僧尼近 30 萬。可以想像，需要多少農民的生產力，才可能供養得起。直接在寺院莊園裡工作的勞動人口，當不下 30 萬，附屬的家人等人口，大致在 200 萬之數。

以經營土地為中心的寺院經濟，比例大到引起北魏、北周各有一帝以滅佛、沒收寺產、強制僧尼還俗，來充實政府財源和人源。

魏晉南北朝時代，受佛教感召的中國人，也跟西方人一樣展現宗教

熱情。史料記載的第一個西行求法的中國人是，曹魏國民**朱士行**，西元 260 年，57 歲的朱士行到達西域**于闐**，在那裡搜尋、抄寫大乘佛經，22 年後他的弟子才送回第一批佛經（那時，佛經算是西域諸國的 know-how，經常不讓離境的）。朱士行也是第一個正式受戒為僧的漢人（西元 250 年，在洛陽白馬寺），有感於早期中國佛經翻譯簡略難懂，毅然西行取經，後來朱士行老死在於闐。

而這個時期，真正到達印度取經的漢僧是，東晉國民**法顯**。西元 399 年，62 歲的法顯有感於中國佛教戒律不全，發願到佛教源點的印度去取經，走陸路，西元 402 年進入印度世界、遊歷求經 9 年，西元 411 年從**錫蘭**搭船回國，遇風浪，飄到**蘇門答臘**，西元 412 年，在那裡轉船繼續海路回國，又遇風浪，飄到山東登陸。

時年 75 歲的、毅力堅強的法顯，不但帶回來中國佛教亟須的大批戒律經典，也帶回來廣泛的國際知識。他對中國佛教的貢獻，絕不下於後來的**玄奘**。法顯的遊記，是<u>中國</u>和南亞之間陸、海交通的最早記述，涵蓋中<u>亞</u>、印度、<u>南洋</u>約 30 國的地理、交通、文化、物產、社會風俗、經濟。

其實，西行求法的漢僧，前仆後繼，相當多，犧牲也不少，都有所貢獻。但像法顯那樣目標明確的（找佛律，不是泛泛找佛經、佛像），絕無僅有。**法顯**，堪稱中國人開放的典範，他名氣不如玄奘，是歷史的偶然，明朝出了小說家**吳承恩**、選了玄奘做為 "西遊記" 的主角，三藏法師，流行的程度不下於 "三國演義"，民間家喻戶曉，法顯只好比較默默無聞，但比曹操好過一點，至少沒被抹黑。

"三國演義" 和 "西遊記" 都是元末明初的小說 "家" 的著述，實際是故事原型發生千年後，華人受到蒙古與伊朗的影響，開始流行白話的、讀講聽都易於入味的 "小說"，方才編寫出來的。由於流行，小說裡的故事普及得比現代手機網路遊戲還火，甚至相當程度成為虛擬的真實的歷史。即此一點，就可以看出 "教化" 與 "時尚" 對人腦的重要性。

就宗教論宗教，鼓吹人人平等的宗教，當然信仰的徒眾多。而傳教話語簡潔明了的，又一定更容易流行。人性，喜歡便宜的速食，大小乘佛教，都平等待人，但小乘強調不斷修行、還不保證每個人一定成佛（覺悟），而大乘主張人人都具佛性，"放下屠刀，立地成佛"（頓悟），多爽！即便不是亂世，光以印度和中國龐大社會底層人口的心理需求，也活該大乘佛教領先傳播。這跟耶穌教和伊斯蘭教的 "信就得救" 的旨意，人人平等，完全有異曲同工之妙。這三大宗教，信眾占當下全球人口至少七成，絕非偶然。

至於理性化的、深層次的哲理，那是知識份子的大腦遊戲，信仰本身難以全然理性化，或許可以界定為是一種人類的另類激情（如果撇開靈魂之說），跟“智慧”不盡然是邏輯、而可界定為是人類理性和情性的綜合體一樣。

魏晉南北朝時代的中國傳統儒家士大夫，自然本能地要維護自家地盤，那時的儒家經常排斥道與釋的學問和思維，但“儒術”拋掉“術”之後，面對道與釋的泛自然、泛天道的理論、尤其是佛家帶進來的辯證思維方法，全然束手無策，只能訴諸民粹：中國人已經長期安裝與運轉的社會倫理。這時，小農經濟的小家庭制與士族經濟的大家庭制，已經平行了幾百年，最終，經濟決定意識，三家合流：

　　　　儒家吸收道家的天道觀和佛家的因果論，
　　　　道家吸收佛家的輪迴觀，天道的自然循還參進了業報，
　　　　佛家吸收儒家的倫理觀，出家人也要孝順、崇祖。

此後，中國文化，儘管還是儒文化的平臺，但少不了道家和佛家元素。宋明儒家“理學”“心學”，主題和形式，都有道與佛的味道。

中國民間信仰，道教，依然健在，廟宇叫做“道觀”，道曲依舊流行、道士也依舊給社會做各種溝通天上人間的道事，黃老的經典依舊。而民間供奉，玉皇大帝和佛陀，神佛並祀，一點也不新鮮。

中國佛教漢化，大量佛像雕塑都換上中國臉孔，漢地出家人也只吃素，而佛陀自己都不禁葷（隨緣，人家施捨什麼，就吃什麼，不挑的）。寺院經濟結束後，大乘佛教演化出中國禪宗，僧尼除了謹守孝道，還從事農作勞動，不耕不食，算是澈底漢化了。（印度僧侶，不事生產的，化緣度日）

佛教對中國的影響，無疑是深刻與巨大的，不僅僅是長期戰亂下的、人們的心理或精神需要。佛文化在中國普及到，佛＝神，民間對一切不明白的神祇，常稱為某某佛。比如，伊朗的**祆教（拜火教）**，回教興起後，遷入印度，混上婆羅門教味道，再傳到西域，中國人

說成：拜**摩尼佛**、**大小光明佛**等等，而實際，祆教的神，更近於回教或耶穌教的神的概念。

佛教在中國的普及，給迥然不同的人群文化的融合和吸收，創造了一大案例，佛經裡大量印度詞彙，或直接以中文譯音創造新詞（比如，"佛" "菩薩" "涅槃"，屬於中國本來就沒有、無法意譯的事物），或以中文意譯創造新詞（比如，"文殊" "觀音" "如來"，屬於中國可以用中文表述而通的事物）。引入並消化佛文化，當時的中國知識份子，的確盡到了該當的責任。

****

佛教的擴散

佛，是 "覺（悟）者" 的意思，原本沒有神格。魏晉南北朝時，大乘佛教，經由草原酋王，大舉進入中國。那時，佛教已經是有經典、儀式、僧侶、戒律的嚴謹宗教了。

西元前 221 年，當秦始皇統一中國時，中亞和西域早已大小佛國遍布，城邦諸國各自信奉大、小乘佛教，影響了歐亞大草原游牧部族的宗教信仰（那時稱雄草原的是諸部匈族，後來是諸部鮮卑）。

圖：維基百科，Mauryan Empire（孔雀王朝）

西元 7 世紀興起的伊斯蘭教傳到中亞之前，連魏晉南北朝末期的草原新主、繼承柔然的突厥諸部，也多是佛教國家。

許多佛經是以 "回文" 寫的，甚至还有波斯文的佛经。

這道練習題，近代的日本，做得非常好，西元 19 世紀，日本決策西化，當時日本知識份子的翻譯，盡善盡美，諸多現代漢詞，比如，"科學"、"社會"、"經濟"、"機關"、"物理"、"化學""哲學"等大量詞彙，都來自日本。

反觀近代中國知識份子，這方面的表現，遠不如日本，也遠不如魏晉南北朝，因為，近代中國多數的西行留洋，是去鍍金的，不是去取經的。日本的留學生，則是到西方取經去的。

＊＊＊＊＊＊＊＊＊＊＊＊＊＊＊＊

現代印度（兩漢音譯為：身毒、天竺）文化，是大約西元前 800 年左右，中亞白標的吠陀游牧部族遷徙進入南亞次大陸的結果。為統治在地的原住民，他們普及了多神的**婆羅門教**（以"梵"為主神，傳誦吠陀經。吠陀，原意即"智識"的意思，但以當時的水準，宇宙只好是神造的），並實施**種性制度**（區分社會等級為祭師、貴族和武士、平民、賤民。祭師是最上層的婆羅門，壟斷知識和神權），而以原住民為"賤民"，嚴格到連觸摸賤民都會弄髒自己，至今仍然是印度的社會問題。

佛教創教的佛陀，**西達塔・釋迦摩尼**（大約西元前 565- 485 年），比孔子大 14 歲左右，是當時印度城邦世界裡，一個不是吠陀部族的、土著小國的王子（今屬尼泊爾）。雖然是統治階層，西達塔卻天生慈悲；有感於人群的生老病死和苦難，29 歲棄家流浪苦行，35 歲在菩提樹下覺悟<u>因果業報</u>，從此開始了<u>眾生平等</u>的弘法，強調：主觀的<u>慈悲</u>、客觀的<u>無常無我</u>、尋求不生不滅的<u>涅槃</u>境界。

佛陀的佛教一開始有點不像是"宗教"，佛陀是以"覺者"、知識份子先驅的角色，掀起反對婆羅門與種性制度的社會運動。眾生平等，百姓喜歡，祛除婆羅門宗教神權，貴族喜歡，佛教於是大盛。

佛陀弘法，沒有經典、教士，佛陀死後，門徒分為許多宗派。<u>小乘</u>

196

如果佛陀跟孔子都活在今日，大概會反對以他們的名義為生的佛教或儒家吧。

大乘佛教在中國開花結果，從中國人信仰的四大菩薩就可以看到：**觀音、文殊、普賢、地藏。文殊**是後來**滿洲**（大清王朝）的信仰，**努爾哈赤**定義八旗諸部的族稱為"滿洲"，實際就是滿語發音的

****

比較近於佛陀宗旨，強調知識與修行。大乘則引入婆羅門宗教體制（甚至眾神），膜拜佛陀為神。摻和婆羅門教因素之後，佛教一度成為印度的最大宗教。婆羅門化的佛教最終成為一個幾乎沒有印度信徒的印度宗教，今天印度少數佛寺裡，濕婆神與佛陀並祀。信仰，宗教，畢竟不敵人群習性，印度的教化始終是吠陀式的，傳統種性制度還是戰勝了革命性的佛陀。

西元前 261 年，**孔雀王朝**的**阿育王**，在殘殺諸多骨肉兄弟、並幾乎統一南亞次大陸之後，大規模親征孟加拉地區，目睹 10 萬人被殺、15 萬人被擄的慘狀，心生悔痛，轉而信佛，從此改變統治策略，宣佈以佛教為國教，包容各地原有婆羅門教，但政府出錢蓋佛廟、建佛塔，並幫助教徒集結，將佛陀生前的口述，編輯、審定成佛經。可以說，阿育王用佛教完成了王權凌駕婆羅門神權的改造。

政治上，比較通俗的佛教教義，四大皆空、輪迴報應，也跟儒家的君君臣臣父父子子類似，正好滿足王權專制的需要：教人民忍受現世，不要造反。當然，這也由不得帝王，王朝的崩解，自有人性的規律。阿育王一死，孔雀王朝迅速崩解。

阿育王時代，是印度王朝最大、最強的巔峰。那時，孔雀王朝奄有今巴基斯坦全部、阿富汗大部、伊朗和塔吉克小部。阿育王政府資助僧團到印度以外地區傳教，僧團最遠到達敘利亞、埃及，並使得中亞與西域城邦世界、錫蘭、緬甸等地佛教化。

"文殊"，大清的皇家寺廟，**五臺山**，是拜文殊的。觀音（慈航普渡）、地藏（我不入地獄，誰入地獄），普賢（普陀山，以及西藏布達拉宮，都是拜普賢的，只是漢語、藏語的譯音不同而已）。這些，都是現代華人世界耳熟能詳的神祇了。

人們回頭看歷史，不禁遐思：連佛教也可以漢化，漢儒文化的底蘊太足了…。其實不必牛逼，人的現象是通的，所有的文化都有適應與轉化，各取所需而已。宗教，是印度人生活在印度的必需品，是中國人生活在中國的奢侈品，中國人真的信神嗎？像印度人信佛那樣信嗎？中國人真正信仰什麼。。。？？漢化的佛教，到底是什麼宗教，這個結局，這個困惑，做為歷史"數據"，其實在那個時代的結束，已經展現。。。

（丙）藝文

文與樂

詩詞，本來就是拿來吟唱的。北魏，更有草原音樂舞戲的習性，描述花木蘭從軍的**木蘭辭**，無疑是當時北方的民間戲曲，通俗，但看得出漢代樂府詩辭舞戲的流行化。看戲大眾化，應該是草原文化融進來的結果，當然會跟漢地原有的樂曲風味混成一塊。

詩詞要入音樂，就更講究音韻和諧，而中文是單音字，不像任何其他語文的多音節，這也許促成後來唐詩宋詞獨特的押韻極致，使中文的表達，發揮更上層樓，因為象形的單音中文，聽覺上的表現，或許難以同多音節的語言相比，但加上文辭對仗反差所激起的的意象，勉強補足中文在聽覺音樂感上的不足。這或許是那時代的血緣混融，對拓寬中國文化的最大成就，詩、詞、樂、曲、舞、戲，普遍流行。

時至今日，人們即便看電視，大概都不能少掉草原歌舞…。

曹魏王朝的宮廷，提倡文學創作，**建安文學**，使曹魏成為中國文明史上，

198

第一個以文藝特色而知名的時代，留下許多文人故事和他們的詩文。而**曹操、曹丕、曹植**父子三人更是才情俱佳，留傳下來的作品，充滿北方樸實大氣的情與藝。魏晉之後，士族南遷，南方文人，面對社會上的長期割據混戰與無奈，作品悲愴，傾向避世或與世無爭，保留一份自我清靜。比如，傳世而有名的，**陶淵明**的田園詩。

頻繁更替的短命王朝，政治上，勢必無可作為，而士族莊園經濟又保障了那時代知識份子的生活，文人的創造力都發揮在文學創作了。這是個中國文學蓬勃發展的時代，開發了美學上的純文學，中文的文字技巧和藝術性，大大長進。

文人們發表了許多紀實記事的小品短篇，士人的奇聞異事，大量被描述、記載，成為後來中文小說的源點，南朝劉宋的**劉義慶**將收集到的這些短篇輯成"**世說新語**"傳世。不能排除，或許是受到當時已經流行的民間戲曲故事模式的啟發，一種"文學版"小說。

南梁開國的**蕭衍**，他自己就是上乘文人，史書記載說他真正六藝嫻熟，能文能武，而且管治國家之餘，依然手不釋卷。蕭衍轉信佛之前，對易經、春秋等儒家經典都有所著述，他還是第一個對班固的斷代史，漢書，表示不滿意的人，為此，自己領導了一個史學班子，編撰了"**通史**"，可惜沒流傳下來。蕭衍也通音律，並按照中原王朝樂府詩的做法，採集江南民歌，編成"新樂府辭"，樸實的語句，把江南兒女纏綿綺麗的感情，表達的淋漓盡致，堪稱一絕。

南梁朝廷的文風，不在曹魏朝廷之下。蕭衍崇佛後，猶有禪詩傳世，並著述佛學，糅合儒道釋，首創"三教同源"的說法。他也是規定中國佛教徒吃素的君主，不排除出於洞察社會經濟的本意（或跟游牧民區隔的"民族主義"？）…。

蕭衍的兒子，太子**蕭統**，主持編撰了"**昭明文選**"，把秦代以來的古詩，分類、選輯了七百多首，成為中國第一部純文學的詩選集。

同時的文官**劉勰**，則寫成中國第一部文學評論著作，**文心雕龍**，文心雕龍本身的文字，也是上乘佳作。往後，這些都成為中國文壇的傳統。

書法與繪畫

東晉**王羲之**、**王獻之**父子，以書法傳世，但都不是真跡。王羲之比較有名，得力於**唐太宗**個人的厚愛，但，是個大帝級別的人物的厚愛，也算是歷史的偶然吧。實際，藝術的東西，見仁見智，咱們自己瞧瞧看唄。

王羲之的，蘭亭序帖

王獻之的，鵝群帖

傳世的那時代的畫作恐怕沒有，東晉大畫家**顧愷之**有幾幅代表作被仿傳了下來。紙頭和水墨表達的中國書畫，不易長期保存，而形象藝術很直觀，只能透過史料記述，以及傳下來的摹本，想像一下魏晉南北朝時期的藝術和審美觀。史書記載的大師，當然不止二王一顧。

<u>雕刻：佛教藝術</u>

北魏孝文帝遷都洛陽前，北魏政府和民間開鑿了山西大同的**雲岡**石窟。
遷都後，開鑿了河南洛陽的**龍門**石窟(各王朝此後持續雕鑿了 400 年)。
雕像的風格，自然是中西合璧的，有西域佛教藝術的特點（但，西域風
格有印度風、伊朗風、中亞風、希臘風混雜其中）。只不過，佛的臉孔，
很快就變成中國人的臉相了。

（丁） 思想

魏晉南北朝 389 年，結果是，中國經濟與人口南移，以及，中國吸收了
北邊草原的新血液和游牧民攜帶進來的各種文化。其後的隋唐帝國，可
以視為是這個血緣和文化大混合的 "中國化"。這次的轉型，拓寬了
"中國人" 和 "中國文化" 的基因，然而，小農經濟和儒文化的基本平
臺依舊，驗證了秦漢 440 年中央集權統治所夯實的社會軟體有多麼結
實。。。一直影響到今天。

魏晉南北朝戰亂，春秋戰國也戰亂，所有適逢其時的中國人都感到肅殺
與困境，但是，春秋戰國的知識份子，思想上是比較自由自在的，百家
爭鳴，百花齊放，而魏晉南北朝知識份子的自由度多半發揮到藝術、文
學或玄學領域去了。這個時代的邊際條件，並不自在，漢儒文化軟體已
經框住人腦，佛家哲理，或許是一條出路，但出世的人畢竟還是要活在
現世裡，印度人沒走通這條路，中國人也沒走通。

亂世的人們，活著，生存，無疑是第一優先。

但，無論什麼時代、什麼地方，知識份子能有知識，就顯然不是社會的
底層眾生，他們是統治階層的一部分。

儒家文化對人性，是兩面的刃。一方面，知識份子享有統治階層的特權；另一方面，教化要求知識份子對秩序忠誠、對蒼生負責（以天下為己任）。在知識等同於特權的年代，儒家的教化軟體，是把權益跟責任掛上鉤。文官系統跟權力妥協的方式是，沒有規範一套具體實施儒文化理念的制度，任由政權或金權氾濫，於是，知識份子（包括，王族、權貴、士族、官吏、豪強），做為個人，多半沉淪於私欲。蒼生，僅只承擔了被統治的義務。整體社會人群的福祉，全看少數統治者掌握、鞭策、管理、監督整個統治階層的能力；這也是中國歷朝歷代，整頓吏治與抑制豪強，永遠是基本指標的原因。

中國人在南北朝亂世接受了佛家，跟漢皇室主動求佛，有些微妙差異。佛或儒，本來就不是政權，他們需要依附權力，才會普及成為"標準"的教化軟體，這裡隱含著佛家或儒家眾多"傳教士"的利益，漢王朝求取佛經、而佛教並未普及，不僅僅是"不瞭解"那麼簡單，要統治階層的知識份子換裝軟體，跟其他傳教士分享利益，阻抗可想而知。

魏晉亂世開始，佛教也開始在中國飛躍，跟草原武力開始統治華北、統治集團崇佛，直接相關。當然，佛家的四大皆空、因果業報，對眾生而言，是強化了心理上的接受現實，以更大的忍受力，來熬過生存的艱辛。對生活比較有保障的知識份子而言，是淡化了心靈上的罪惡感，也接受現實的無奈，把對蒼生的責任感矮化為對門第之內的大家庭和大家族，繼續把儒文化教育給莊園勢力可及的後輩。

這個時代的士族跟當道的王族爭權奪利，沒有違反儒家"忠誠"信條的顧慮，當時的政權，無分南北王朝，都需要在地士族們的支持，政令，進不了莊園或塢堡，人們生活在武力與利益平衡的夾縫裡。

這是個很奇特的、跟草原類似的、農業城邦諸部的狀態，國家機器和朝廷政府，甚至比不上匈汗國的組織和動員力，農業畢竟不是草原機動，太多固定在土地上的細小"農業部落"，維持政令的代價將是永無止境的攻城，不可想像、也力不可及。

五胡亂華、亂了華北一陣子，大家很快摸到漢地規律，就形成南北方兩大農業國家的對峙了…。

傳統歷史的寫法，專只凸出政治或戰爭，然而這一次的戰國時代，不比上一次的戰國時代，各個王朝的壽命太短，真正影響或改變了中國格局的，只有 3 個：

① 曹魏，**曹操**與**曹丕**父子，他們自然是知識份子，但超越漢代知識份子墨守成規的圈套，以法家路線治國，以部隊屯田，用人不講究門第，寫文章回歸表達感情和文學（跳出 "文以載道" "言必稱堯舜" 的老套）。

中國文學和藝術的興起，曹魏是轉捩點。曹操的小兒子，**曹植**，就有一幫文友，個個都是當代的文藝創作高手。從文藝解放的角度看，曹操父子，一門三傑。

由於曹魏朝廷回歸文學，才有 **"竹林七賢"**（**嵇康、阮籍**等七人）釋放個性的清談玄學、飲酒兼裝瘋的藝文表現，嵇康還因此被西晉王朝殺害（不跟政權合作、不乖嘛）。被莊園經濟和朝廷勢力豢養的文人，個性的表達，並不容易，最終這七人當中還是出現跟西晉政府妥協 "入仕" 的人。

不過，對中國人的藝文表現，釋放個性，無疑是個重要指標，智性進入玄虛之餘，情性進入唯美，個性，終歸是人性的一部分，人道之不可或缺。

② 北魏孝文帝，**拓跋宏（元宏）**，不用多說，漢化政策真正縮短了混亂持續的時間，節省下來的社會成本，不可估量之大。並且，北魏政府努力恢復小農經濟，抑制士族莊園經濟勢力，實際是抑制豪強割據，雖然北魏政府崇佛，但利益衝突的時候，游牧天性，說滅佛就滅佛，實際也是抑制另類豪強。

這些，使得北方實力遠勝南方，最終才有隋王朝統一的基礎。

③ 南梁，**蕭衍**，因緣際會，使得這位孔夫子典型的士大夫成為了統治者，後來又使得他成為佛教的狂熱份子。蕭衍具備政治威權和頂級儒家的光環，而他努力糅合儒道佛三家思想，消解軟體疙瘩，是佛教普及全中國的最大因素。蕭衍朝廷的文風，具有江南的嬌豔特色，從此，中國詩詞音樂書畫，不再僅只黃土高原的蒼茫，更多的煙雨朦朧、小橋流水。

有沒有出現類似春秋戰國的知識份子，諸子百家之類，想引領自己和當代蒼生脫離困境的呢？

答案：當然有。

我們要敘述那時候的一個獨特人物，來映照這個時代的社會境況。

<u>葛洪</u>（西元 284-343/364 年）江蘇丹陽人，長期居住在廣州

葛洪家族其實是三國的東吳士人，晉王朝一度統一中國，東晉南渡後，他就算是東晉人。這是個典型的、困在儒家平臺上的道家人物。

兩漢以後，中國的識份子所受的教化，無不是漢王朝規範的教科書，就是經史、子、集。漢儒文化，其實只有兩個重點：倫常（忠、孝之類的德行）＋ 修身（藝、術之類的內外功夫）。

而官吏的甄選，內功特重孝道，外功特重經史，所以，史料描述的東漢之後的名士，千遍一律，動輒因父母之喪，"哀毀逾度"（形容，傷心到不知道怎麼辦了、幾乎要自殺）；越脫離常軌（比如，絕食一個月、瘦掉二十公斤），德行越高。當然，我們不排除真有母子感情好到這程度的，大致，作秀也是人之常情。

這種情況，反映到外功，便是，下筆做文，必定引經據典，什麼事都有三皇五帝夏商周的份，托古、崇古，創新的知識份子，反而風險很大。

葛洪經歷過社會挫折，看穿了人情下的儒文化的虛偽，起碼是不自然、不合人性的自然，後來就在廣州落戶，轉向道家。他相信道教神仙的長生不老術，寫"抱樸子"一書來發揚光大道教的神仙理論，並顛覆傳統儒家框框，從理論上來強調文學就是文學，創新和審美都是人性的自然，美就是美，"道"在其中，不必每篇文章都得正經八百、跟古人掛鈎。他自己煉丹，公開實驗結果和程式，並把一些跟養生、衛生相關的化學品公佈出來，可以說是中國乃至世界最早的原始"化學"。化學，離不開實驗，重複實驗，後來不久，道家術士就發明了火藥。

葛洪也精研醫術，將行醫的經驗案例寫成"肘後備急方"（手頭上常備的醫療手冊），以淺顯易懂的文字公諸大眾，即使不懂醫學的人也可以清楚地按照手冊施行醫療，而且所列的藥物都是相當便宜易得的。針對南方的瘴癘，他排除鬼神的迷信，強調是環境裡的"癘氣"引起（現代醫學指出，每個大環境，各有不同的微生物種群，南渡的北方移民，一時尚未適應這些微生物種群，就得病了，也就是人們常說的："水土不服"）。

葛洪是世界上第一個記述傳染病的醫生，當然不是用現代的詞彙，但知道他指的是結核、天花、恙蟲病。他也是第一個嘗試免疫方法的醫生，被狂犬咬傷的病患，他把狂犬的腦汁塗在病患傷口，"以毒攻毒"，實際就是現代免疫學的方法。後來，中國人便發明了種痘預防天花。（天花曾是歐、美洲的主要瘟疫，死亡以億計）

《現在可以補上：屠呦呦拿 2015 諾貝爾醫學獎的治瘧疾的青蒿素，靈感直接來自 1 千 7 百年前葛洪的"肘後備急方"。屠呦呦非常推崇葛洪及歷代中醫的貢獻》

行醫濟世的醫生，被曹操徵召、因拒絕而被殺掉的華佗，是史書記載的良醫（"三國演義"小說裡凸出華佗，說他為關公"刮骨療傷"，當然子虛烏有，關羽受傷時，華佗已死）。醫生，無論在什麼時代、什麼地方，都是很專業的"術"，需要長期的專注、學習，才有可能成為良醫。歷史上的中國知識份子，能捨得現實的功利去當醫生的，一般都近於道家，淡泊名利，助救蒼生。儒家，從祖師爺孔子開始，"經世濟民"的心思很好、很善良，但統治階層的特權環境，使得他們專只注意政經社的治理。

然而，任何人群社會的長進，更需要實質的生產力，需要科技，**"術"**。於是，儒文化教育出來的中國知識份子陷入多重困境，他們具備知識與特權，孔儒灌輸理想給他們去承擔社會責任、家庭（家族）責任、政治責任，但是，真正救濟了一點蒼生的華佗卻"政治不正確"被殺。。。結果，絕大多數，當官發財了事，帶著罪惡感進棺材。

葛洪的著述，充滿吶喊。
他努力把真相說清楚，力所能及地捅破一切面紗：

♦ 醫療不難呀，藥物也不貴。

　　我試過有效的方子在這裡（去他媽的專利權）。

♦ 文學和政治議論不一樣呀，文學，就是要美麗、要感人。

　　政治議論的文章嘛，就得真實、敢於直言、拿數據說話、言之有物、解析有理（管他媽的所有古人怎麼說，古人怎麼能懂現在什麼世道？）

♦ 化學嘛，要做實驗，實實在在掌握物質變化的規律。

　　我做過的實驗結果都在這裡。

葛洪，算得上是那個時代的思想家，他沒有宏偉的哲學著作，但以文字呼喊**"真實"**。他沒有什麼"功名"，但以實際行醫救人、公佈積累的醫藥經驗（並且大多用極其廉價的草藥），回饋社會大眾。

說他是道家，他就是，說他是儒家，他也是。

他只是個有思想的知識份子，對得起社會的知識份子，真實的知識份子，困在亂世的知識份子，被中國儒文化淹沒的知識份子。

神仙之道，是他僅有的避難所。

從秦漢至此，中國文明已經演化了 810 年。

真正的 "中國文化"，中國人群每天要使用的、大腦裡冀求的，無非：
① 文字和典籍，西漢後期才系統化、並落於真實
② 中醫，積累了長期的臨床經驗，但公開的醫書或數據不多，
③ 生產技術，農業經驗有農書，工程經驗、算術等留傳很少。

這些，都是科技，都具備 "科學精神" 的方法學，都是實用的 "術"，由於絕大部分的中國知識份子心思不在此，這些 "核心技術" 都在中國社會邊緣化，連 ① 也常常被遺忘。但是，拉拔起中國文明、擴散出中國文化的，還真就是絲綢、瓷器、漆器、紙張、鋼具這些實物。即使在魏晉南北朝的亂局中，東西世界的貿易也沒中斷。

知識，不交流，不積累，在那個時代，就已經是個困境。

葛洪之類，是極少數的特例。

中國太早就形成一個文化一統的帝國，中國知識份子的文化傲慢，誤以為別人是嚮往你的軟體，其實人家要的是硬體。像西行求佛這樣純粹吸收軟體的事，發生在中國人身上，非常難得。而漢化了的佛教，禪宗，只有中國文化、中國文字普及的地區才容易搞得明白的。

中國技藝，在利潤的驅使下，"秘方"，多半 "家傳" 或師徒傳授，數據和方法學不交流，難以形成科學。葛洪、祖沖之等等，成為 "異類"，並且傳統中國知識份子也學不來。

現代歐美醫藥行業，其封閉自利自肥的程度，毫無 "醫德" 可言，比中

醫還不如。現代美國民眾的醫療保健負擔，已占其社會 GDP 的 20%以上；金融性質的"保險業"、"醫院"、"藥廠"集團，大賺民眾錢（連醫生也不得倖免，淪為"打工仔"），並且資訊不公開，獨佔醫療、甚至"健康"的話語權。

金權之唯圖是利，已成為現代西方社會最大的黑洞，民眾已經無法相信醫療系統，因為全部搞錢的招數，都是在"人道"或"科技"的名義下進行的。

近年來，北歐國家的民眾覺醒到推動政府，把原先蓋醫療設施的預算，更多的用於蓋公園、運動場、維持生態環境；號召自然的人生、而不是活在恐懼死亡的陰影下被金權操弄。

北歐諸國，是現代人生理上與心理上都"健康"的地區。老、莊哲學的人道，不為物役、與天地環境共生、死生自然，北歐社會居然轉型成功，打造出抗生素或藥物不可能維持的身心健康狀態。

（戊）生態與災荒

東漢王景整治黃河之後，黃河入海的河道維持了 800 年沒變，可能跟魏晉南北朝時期的氣候有點關聯。現代學者根據賈思勰的農書、酈道元的水書，以及，自然災害的統計數字，大致估計了這時期的平均氣溫，比現在還低個 5 度左右。或許，這是個氣候變得比較乾冷的波動時期（這推測，需要古氣象學者證實），賈思勰農書上的節氣日期，比如，桃花始開的日子，比漢代記載的日子要晚上半個月；而且，西元 332 年，華北發生大雹災，砸死萬計人口，禾稼蕩然無存，這恐怕是人史之最的記錄。總之，魏晉南北朝時期，大乾旱（以及，大蝗災）的頻率，是來得多些。

乾冷氣候，對人群的直接影響，就是游牧民喜歡南遷，雖然這不是"五

208

胡亂華"的最大因素。黃河沒改道，不是水少了，而是淤沙少了，淤沙減少的直接原因，是黃河中游地區回復為草場，形成了水土保持，這倒是"五胡亂華"的正面影響。

另外，北方漢人南遷，漸次開發淮南、華東、華中、華南。跟據北魏史料記載，當時淮南猶有大片森林，偶而還看得到華南野生象群。四川的開發，也使得長江中上游的支流河道開始淤沙、發生改道或並道，直接的影響，是雲夢大澤（洞庭湖）和鄱陽湖漸次萎縮。

就 400 年的時段而言，魏晉南北朝的天災頻率，跟兩漢是差不多的。但死亡萬人以上的"災荒"次數，卻比兩漢嚴重。南北方都發生過 10 萬人死亡的疫癘，因蝗、旱、澇引起的大饑荒，也都發生過。天災裡頭，實際，人禍難辭其咎。西元 516 年，南梁竟採取北魏降將的獻計，在淮河築堤壩，準備水淹壽陽（今徐州），結果那年淮河漲大水，大壩決堤，水流逕直沖刷到海，淹死人數達 15 萬數量級。天災，被人禍放大了，而且放得很大。

一句話，地震、旱澇、瘟疫，大自然只按它自己的遊戲規則運行，10、50、100、200、1000 年 1 次的地球事件…，稀鬆平常，有大致的規律（比如，50-100 年一回的大小厄而尼諾氣象）。但就人類生命的數量級而言，超過 50 年 1 遇的頻率，人們就感覺很"突然"了。

如果不是高密度墾殖的小農經濟，而是較有計劃的生態經濟，維持較低密度墾殖、護持水土環境、限制捕撈打獵、不過度生育，那麼，中國人遇到過的所有"災"，純粹的或然率所能造成的傷亡，絕對不會是"數量級"的現象。

偏偏中國大地適於農耕，早期人群在那裡演化出精耕農業，當時是"高科技"，成為王朝國家機器的經濟來源，造就"以農為本"的小農經濟意識，倚賴開發農地來增殖人口、擴張國力。

農業，做為智人的"高科技"，維持了近萬年數量級，保障了智人的存續，直到 18 世紀，英國蒸汽機的出現使得人們掌握了自然能源的利用。當人力與畜力不再等於國力的時候，小農經濟這個不能"可持續開發"的習性，長期而言，對族群、對土地、對生命，就演變成一種傷害。當然，古人還看不到這些，只能怪"天災"。

秦漢小農經濟實施到這時，業已 900 年，中國人口大致在 1500 萬至 6000 萬之間波動，戰爭暴力使人口沒有爆炸，而砍掉的森林、失去的物種卻再也沒能恢復。。。此後，當人口又恢復峰值的時候，中國人只好面對北方更少的森林與自然資源、更大的人際競爭壓力、更加速的以開發北方的方式來開發南方。。。

Re-Do歷史02　PC0629

中國人這回事（II）
——秦漢至南北朝：長城內的大一統面貌

作　　者／李乃義

出版策劃／獨立作家

發 行 人／宋政坤

法律顧問／毛國樑　律師

製作發行／秀威資訊科技股份有限公司

　　　　　地址：114 台北市內湖區瑞光路76巷65號1樓

　　　　　電話：+886-2-2796-3638　傳真：+886-2-2796-1377

　　　　　服務信箱：service@showwe.com.tw

展售門市／國家書店【松江門市】

　　　　　地址：104 台北市中山區松江路209號1樓

　　　　　電話：+886-2-2518-0207　傳真：+886-2-2518-0778

網路訂購／秀威網路書店：https://store.showwe.tw

　　　　　國家網路書店：https://www.govbooks.com.tw

出版日期／2016年7月　BOD一版　定價／250元

|獨立|作家|
Independent Author

寫自己的故事，唱自己的歌

中國人這回事. II, 秦漢至南北朝：長城內的大一
統面貌 / 李乃義著. -- 一版. -- 臺北市：獨立
作家, 2016.07
　　面；　　公分. -- (Re-Do歷史；02)
BOD版
ISBN 978-986-93316-5-4(平裝)

1. 中國史　2. 通俗史話

610.9　　　　　　　　　　　　　　105011011

國家圖書館出版品預行編目

讀 者 回 函 卡

感謝您購買本書，為提升服務品質，請填妥以下資料，將讀者回函卡直接寄

回或傳真本公司，收到您的寶貴意見後，我們會收藏記錄及檢討，謝謝！

如您需要了解本公司最新出版書目、購書優惠或企劃活動，歡迎您上網查詢

或下載相關資料：http:// www.showwe.com.tw

您購買的書名：＿＿＿＿＿＿＿＿＿＿＿＿＿＿＿＿＿＿＿＿＿＿＿＿＿

出生日期：＿＿＿＿＿年＿＿＿＿＿月＿＿＿＿＿日

學歷：□高中 (含) 以下　　　□大專　　　□研究所 (含) 以上

職業：□製造業　□金融業　□資訊業　□軍警　□傳播業　□自由業

　　　□服務業　□公務員　□教職　　□學生　□家管　　□其它＿＿＿＿

購書地點：□網路書店　□實體書店　□書展　□郵購　□贈閱　□其他

您從何得知本書的消息？

　□網路書店　　□實體書店　　□網路搜尋　□電子報　□書訊　□雜誌

　□傳播媒體　　□親友推薦　　□網站推薦　□部落格　□其他＿＿＿＿＿＿

您對本書的評價：（請填代號　1.非常滿意　2.滿意　3.尚可　4.再改進）

　封面設計＿＿　版面編排＿＿　內容＿＿　文／譯筆＿＿　價格＿＿

讀完書後您覺得：

　□很有收穫　□有收穫　□收穫不多　□沒收穫

對我們的建議：＿＿＿＿＿＿＿＿＿＿＿＿＿＿＿＿＿＿＿＿＿＿＿＿＿

＿＿＿＿＿＿＿＿＿＿＿＿＿＿＿＿＿＿＿＿＿＿＿＿＿＿＿＿＿＿＿＿＿

＿＿＿＿＿＿＿＿＿＿＿＿＿＿＿＿＿＿＿＿＿＿＿＿＿＿＿＿＿＿＿＿＿

＿＿＿＿＿＿＿＿＿＿＿＿＿＿＿＿＿＿＿＿＿＿＿＿＿＿＿＿＿＿＿＿＿

11466
台北市內湖區瑞光路 76 巷 65 號 1 樓

獨立作家讀者服務部 　　　收

....

（請沿線對折寄回，謝謝！）

姓　　名：_____　年齡：_____　性別：□女　□男

郵遞區號：□□□□□

地　　址：_____

聯絡電話：(日) _____ (夜) _____

E-mail：_____